CHRISTINA ZACKER
ANLEITUNG ZUR AHNENFORSCHUNG

Karin Stein
Klaus Stein
Peter Stein
Maria Stein
Julia Stein
Robert Stein
Fritz Stein
Martha Stein
Hans Stein
Maria Stein
Hans Stein
Moritz Stein
Felix Stein
Karl Stein
August Stein
Adolf Stein
Ernst Stein
Maria Stein
Anton Stein
Franz Stein
Anna Stein
Josef Stein
Georg Stein
Jakob Stein

Christina Zacker

Anleitung zur Ahnenforschung

Familienchronik und Familienwappen

4. aktualisierte Auflage

BATTENBERG

Bibliografische Information Der Deutschen Bibliothek

Die Deutsche Bibliothek verzeichnet diese Publikation in der Deutschen
Nationalbibliografie; detaillierte bibliografische Daten sind im Internet
über http://dnb.ddb.de abrufbar.
ISBN 3-86646-003-1

4. aktualisierte Auflage 2006
© 2006 Battenberg Verlag in der
H. Gietl Verlag & Publikationsservice GmbH · Regenstauf
(www.battenberg.de)
Alle Rechte vorbehalten
ISBN 3-86646-003-1

Inhalt

Vorwort

Sammeln ist ein faszinierendes Hobby, es gehört zu unseren beliebtesten Freizeitbeschäftigungen. Auch das Interesse an der ureigenen Geschichte, also an der Herkunft der Familie und unserer Vorfahren, hat mit Sammeln zu tun: mit dem Sammeln von Informationen nämlich. Man weiß: Jedes Fürstenhaus, jede bekannte oder berühmte Familie hat einen Stammbaum aufzuweisen. Bei uns „Normalverbrauchern" liegt die Herkunft dagegen oft im Verborgenen. Natürlich kennen wir (zumindest in den meisten Fällen) unsere Großeltern; schon bei den Urgroßeltern wird es schwieriger, und danach beginnt sich die Spur unserer Ahnen meist im Dunkel der Geschichte zu verlieren. Das Zurückverfolgen von ein paar Generationen ist bereits mit viel Arbeit verbunden, ein paar Jahrhunderte gar sind eine reife Leistung. Vor allem, wenn in einer Familie bisher keine Ahnenforschung üblich war. Hier existieren keine alten Aufzeichnungen, hier ist kein Stammbaum aufgezeichnet, wie es z. B. in alten Adelsfamilien üblich war und ist.

Familienforschung ist ein äußerst faszinierendes Hobby: Die Suche nach den eigenen Wurzeln ist vielen Menschen wichtig. Man vertieft sich dabei ja nicht nur in die trockenen Daten seiner Ahnen, sondern hofft, zu jedem Vorfahren ein wenig mehr zu finden: Geschichten aus der Geschichte sozusagen. Kleine Anekdoten machen einen Urahnen „lebendig", zeigen ihn uns als Menschen mit all seinen Stärken und Schwächen – und lassen vielleicht auch ein wenig Stolz in uns aufkommen: vielleicht, wenn unser Vorfahr etwas Besonderes geleistet hat oder sogar Taten vollbrachte, mit denen er in Geschichtsbüchern verewigt ist. Fernsehserien, die sich mit unserer Vergangenheit befassen, haben oft großen Erfolg. Das hat seinen Grund: Sie stellen einen Bezug zu unserer Heimat her. Und dies wiederum gibt uns eine eigene Identität. So ist Familienforschung nicht nur ein nostalgisches Hobby.

Bei den Eltern und Großeltern ist's oft noch einfach, menschliche Eigenheiten herauszufinden und für die Nachwelt zu bewahren. Anders sieht es bei den Urgroßeltern aus. Auch wenn in unserer Zeit die Menschen immer älter werden und in so mancher Familie noch eine Urgroßmutter lebt: Der Regelfall ist das nicht.

In diesem Buch finden Sie Hinweise und Tipps dafür,
- wie man am besten anfängt,
  die eigene Familie zu erforschen,
- wie man zum eigenen Stammbaum kommt
  und wie man eine Familienchronik erstellt,
- was man beachten muss, wenn man ein
  eigenes Familienwappen erstellen lassen möchte.
- Ein umfangreicher Adressenteil zeigt Ihnen
  Anlaufstellen für die Informationssuche.

Da der Computer die Informationssuche und die Zusammenstellung der gefundenen Informationen in vieler Hinsicht einfacher macht und heute aus der Familienforschung kaum mehr wegzudenken ist, finden Sie in dieser neu bearbeiteten Auflage ein Extrakapitel, in dem es um Familienforschung per Computer und um das Internet samt World Wide Web geht.

Christina Zacker
Lissabon, im November 2005

Möller

Baumann

Kapitel 1

Eine Familienanekdote ist oft der Anfang

Das Interesse an der ernsthaften Forschung nach den eigenen Ahnen wird meist durch puren Zufall geweckt. Sie haben das sicherlich auch schon erlebt: Man sitzt gemütlich beim Mittagessen mit seinen Lieben und plaudert angeregt über dies und jenes. Plötzlich beginnen viele Sätze mit „Ja, früher ...", und Tante Hildegard oder Opa Karl-Heinz fällt die eine oder andere Geschichte ein, die interessierte Zuhörer findet. Besonders bei Ereignissen wie einer goldenen Hochzeit, einer Beerdigung oder einem hohen Geburtstagsjubiläum trifft man auf ältere Verwandte, die nie gehörte Erlebnisse zum besten geben.

Was man von Familienangehörigen erfahren kann

Die Historie des Ersten und Zweiten Weltkriegs, die die meisten von uns nur aus dem Fernsehen oder aus Büchern kennen, bekommen auf einmal eine ganz andere, geradezu private Dimension. Sie werden zur erlebten Geschichte: Von der Großmutter hören Sie vielleicht, wie sich die Familie damals in den Wirren des Zweiten Weltkrieges durchschlug, was man alles anstellte, um nicht zu verhungern, wie man seine in alle Winde verstreute Familie wieder zusammenführte. Großtante Gertrud berichtet stolz von ihrer Zeit als „Revoluzzerin", wo sie sich – vor so vielen Jahren bereits – als eine der ersten die Haare kurzschneiden ließ und Spaß an „diesen modernen Tänzen" hatte. Und Großvater weiß noch gut, wie er als Handwerksbursche, der über Land gezogen war, sein Brot verdiente.

Diese und andere Geschichten hat man Ihnen bestimmt schon in Ihrer Kindheit erzählt. Aber als junger Mensch hat man Besseres zu tun, als „diesen ollen Kamellen" seine Aufmerksamkeit zu schenken. Hört man sie jedoch als reiferer Zeitgenosse, so kann ganz leicht erstes Interesse am faszinierenden Hobby der Ahnenforschung geweckt werden. Besonders, wenn Sie ein Faible für Geschichte im Allgemeinen haben.

Oft genügt schon ein Blick ins Familienalbum. Blättern Sie einmal darin: Auf manchen alten Fotografien erkennen Sie vielleicht nicht nur die Personen, sondern auch Straßenzüge und Gebäude im Hintergrund, die Sie so nicht in Erinnerung hatten. Was, so sah das Feuerwehrhaus früher aus? Und das da hinten, ist das etwa der alte Friseurladen? Rechts davon müsste doch heute das große Einkaufszentrum stehen ...

Das Sammeln von Anekdoten

Zunächst einmal erinnert das Wort „Ahnenforschung" kaum an eine lebhafte, abwechslungsreiche Tätigkeit. Vielleicht stellen Sie sich im ersten Moment etwas Langweiliges, Trockenes vor, das im Grunde genommen nur eine Menge Arbeit macht. Dies ist natürlich dann der Fall, wenn Sie sich auf das Auflisten von Namen, Geburts- und Sterbedaten beschränken. Aber Familienforschung bedeutet viel mehr. Der erste Schritt dorthin kann – wie bereits erwähnt – eine kleine Anekdote sein, die Sie von einem Angehörigen erzählt bekommen. Vielleicht erwähnte dieser, dass es in Ihrer Familie möglicherweise sogar einen echter Blaublütler, also einen Grafen oder so etwas, gegeben haben soll. Aber da man das nicht so genau wisse, müsse man mal nachforschen. Und bei Ihrem For-

schungsdrang sei es doch wohl Ehrensache, dass Sie sich persönlich an die Arbeit machten ...

Diese „Arbeit", die sich rasch zu einem spannenden Hobby entwickelt, sollte nicht einfach nur die Auflistung von Namen und
Zahlen sein. Denn Sie wissen doch: Hinter jedem Namen steckt ein
Mensch mit einem individuellen Werdegang. Und dieser Mensch
steht in direktem Zusammenhang zu Ihrer Person. Seine Geschichte ist irgendwie mit der Ihren verbunden. Sie als Freizeit-Familienforscher werden also neben den Geburts- und Sterbedaten (die als
Anhaltspunkte natürlich unabdingbar sind) noch andere Dinge zusammentragen, beispielsweise:

- Wann und wo haben Ihre Urgroßeltern geheiratet?
- Wie haben sie ihr Leben geführt,
  welchen Beruf haben sie ausgeübt?
- Wie viele Kinder hatten sie?
- Wo lebten sie, wie oft und wohin sind sie umgezogen?
  Aus welchem Grund?
- Haben sie Ämter bekleidet, die in der Dorfgemeinschaft oder
  Stadt wichtig waren?
- Hatten sie künstlerische Begabungen, die Sie vielleicht geerbt
  haben?
- Waren sie arm oder reich?
- Wie waren die politischen Verhältnisse zu dieser Zeit?

Je weiter Sie ins Detail gehen, desto mehr Informationen können
Sie sammeln. Sie begeben sich auf eine regelrechte Zeitreise in die
Vergangenheit. Und Sie werden nicht nur die „guten alten Zeiten"
besser verstehen, auch die Gegenwart, ja sogar die Zukunft erscheint plötzlich in einem anderen Licht: Zusammenhänge werden
Ihnen offenbart, die Ihnen bis dahin nicht so klar waren. Haben
Sie den trockenen Geschichtsstoff in der Schule noch verabscheut,
so ist derselbe Stoff jetzt auf einmal lebendig und interessant. Denn
mit jeder neuen Entdeckung in Ihrer Familie und jeder neuen In-

formation beleuchten Sie Ihre eigene Herkunft. Und die wiederum können Sie an Ihre Kinder weitergeben und deren Interesse an der eigenen Familiengeschichte wecken.

Weg vom Schreibtisch

Wenn Sie Ihre Forschungsarbeiten ernsthaft und gründlich durchführen wollen, dürfen Sie eines nicht tun: am Schreibtisch kleben bleiben. Wollen Sie mehr erfahren als aus alten Fotoalben und Geschichten Ihrer Eltern zu holen ist, so müssen Sie auf Reisen gehen. Durchaus auch in weiter entfernte Gegenden, wenn Ihre Familie nicht schon seit Jahrhunderten in derselben Region ansässig war. Gerade in den beiden Weltkriegen wurden viele Familien getrennt, aus der alten Heimat vertrieben, und fanden – wenn überhaupt – erst nach langen Irrfahrten wieder zueinander.

Auf Ihrer Suche werden Sie vielen Leuten begegnen, die Ihnen bei Ihren Forschungen weiterhelfen. Zeugnisse der Vergangenheit finden Sie in Standesämtern, in Pfarreien, Gemeinden und Vereinen. Hier nämlich werden Informationen gesammelt und aufbewahrt, und hier kommen auch Sie weiter.

Über eines sollten Sie sich aber im klaren sein: Familienforschung kann nie zu einem endgültigen Schluss kommen. Es wird immer einen Ahnen geben, den Sie vielleicht übersehen haben. Oder Sie entdecken erst viel später ein Zeugnis von ihm, das den weiteren Verlauf der Geschichte ändern könnte. Irgendwann versiegen die Spuren im Sand der Zeit. Sie kommen nicht weiter, wissen aber genau, dass es ein „Davor" geben muss. Dies alles ist sicher mit ein Grund, warum die Ahnenforschung ein so spannendes Hobby sein kann.

Ihr Forschungen in die Vergangenheit beginnen mit Vater und Mutter. Die wiederum haben auch jeweils zwei Eltern. Wenn Sie bei den Urgroßeltern angelangt sind, haben Sie bereits acht Personen auf Ihrer Liste. Da sind die Geschwister allerdings noch gar nicht dabei. Bei den Ururgroßeltern zählen wir schon 16 Menschen. Und das sind nur die Vorfahren in direkter Linie. So können Sie Ihre Zeitreise immer weiter voran (eigentlich ja zurück) unternehmen.

Nehmen wir einmal zehn Generationen als Anhaltspunkt, so sind dies 1024 Vorfahren allein auf einer Seite der Familie. Ihr (Ehe)Partner hat ja genau dieselbe Anzahl von Personen aufzuweisen. Zehn Generationen – das hört sich nach sehr viel an. Aber wir sind dabei erst im 17. Jahrhundert angelangt. Es kommt zwar nicht so häufig vor, aber in mancher Familie kann man die Vorfahren noch weiter zurück in der Geschichte nachweisen. Und wieder reizt Sie die Antwort auf die Frage: Was war davor? Diese Aufgabe wird Sie immer und immer weiter beschäftigen. Eines ist sicher: Langweilig kann es Ihnen dabei nicht werden ...

Wir sehen also, dass das Kramen in den Tiefen der Geschichte beileibe keine trockene Angelegenheit sein muss. Das gilt nicht nur Ihre persönliche Familienchronik. Wenn Sie Familienforschung mit Interesse betreiben, wird Ihnen bald klar, dass auch die „richtig große" Weltgeschichte unfassbar lebendig und aufregend ist. Denn Ihre Ahnen waren Zeitzeugen von Ereignissen, welche die Welt verändert haben: Hören Sie hin, wenn Eltern oder Großeltern erzählen, wie es im Weltkrieg war, als um sie herum alles in Schutt und Asche lag und sie trotzdem ihr Leben meisterten. Erscheinen Ihnen in solchen Momenten manche Ihrer eigenen Probleme nicht auch ziemlich unbedeutend?

Und: Denken Sie jetzt allein an die letzten Jahrzehnte, die Sie selbst bewusst miterlebt haben! Was hat sich da zu unseren Lebzeiten alles politisch abgespielt: Hunger und Elend nach dem Krieg, Kalter Krieg, Mauerbau, die gewaltlose Revolution in der DDR, aber auch Wirtschaftswunder und Aufschwung. Von der angepassten Nachkriegsgeneration über die Flower-Power-Bewegung und die aufbegehrenden 68er bis hin zu den modernen Kids, die sich gestern „no future" auf die Fahnen geschrieben hatten und sich heute keinem Trend mehr unterwerfen, bei denen Individualismus groß geschrieben ist. Eine ganz schön turbulente Geschichte, seit es die Bundesrepublik gibt. In diesen vergleichsweise wenigen Jahren ist eine Menge passiert.

Nicht immer ging es derart hin und her. Aber jede Geschichtsepoche hat ihre prägnanten Eigenheiten, jeder geschichtliche Zeitabschnitt wird von solchen Ereignissen geprägt. In der Schule fanden Sie das alles vielleicht „zum Gähnen". Wenn Sie jedoch in der eigenen Familienchronik stöbern, werden Sie all diese Fakten wiederfinden. Alles Geschehene hatte einen Einfluss auf Ihre Vorfahren – und somit auch auf Sie. Trotzdem sollten die großen historischen Begebenheiten nicht den Schwerpunkt Ihrer Ahnenforschung bilden.

Gerade die Geschichten im engeren Familienkreis, die natürlich in keinem Lehrbuch stehen, sind von Bedeutung. In der heimatlichen Gemeinde hat sich bestimmt auch viel abgespielt, was das Leben Ihrer Ahnen nachdrücklich beeinflusst hat. Der Alltag in der Stadt oder im Dorf, in dem Ihre Verwandten lebten, deren direktes Umfeld – all das hat das Leben der Familie geprägt. Und nur in diesem relativ engen Kreis finden Sie als Forscher massenhaft Zeugen und Zeugnisse. Alle Städte und Gemeinden haben Archive, in denen Sie stöbern können. Wenn es ein Heimatmuseum gibt, lohnt sich dort bestimmt ein Besuch. Auch die Archive der örtlichen Tageszeitung enthalten viel Interessantes. Vielleicht finden die eigenen Urgroßeltern dort keine Erwähnung, aber aus den Geschehnissen dieser Zeit kann der Ahnenforscher so manche Rückschlüsse auf das Leben seiner Ahnen ziehen.

Kapitel 2

Warum überhaupt Ahnenforschung?

Was bedeutet das Wort „Genealogie"?

„Genealogie" kommt aus dem Lateinischen und setzt sich zusammen aus dem Wort „genus", das soviel wie Stamm, Herkunft, Geschlecht, Familie bedeutet, und dem Ausdruck „logos" (Lehre, Kunde). Unter Genealogie versteht man also die Lehre von der Familie, von der Herkunft.

Der Genealoge beschäftigt sich mit der Herkunft einer Familie, mit der Geschichte ihrer Zusammensetzung und Entwicklung. Bekannt – oder besser: populär – ist die Genealogie allerdings unter dem Namen Familienkunde. Auch Familien- oder Ahnenforschung bzw. Familiengeschichtsforschung kann man dazu sagen.

Jedoch ist nicht jeder, der sich – wie Sie vielleicht als Hobby – mit der Geschichte seiner Ahnen beschäftigt, gleich ein Genealoge. Sollten Sie dies zu Ihrer Freizeitbeschäftigung machen wollen – keine Angst, Sie müssen nicht gleich eine Universität besuchen. Viele Familienforscher arbeiten im Privaten. In jahrelangen Recherchen und mühevollster Kleinarbeit tragen sie Details zusammen, die die Geschichte ihrer Vorfahren beleuchten sollen. Die Tätigkeiten dieser Hobbyforscher sind unerlässlich für die Arbeit der Genealogen, sie liefern ihnen wichtige Grundlagen für deren Wirken. Dies ist um so entscheidender, als die Genealogie nicht einfach nur als eine allein stehende Wissenschaft anzusehen ist. Sie hängt ganz eng mit Forschungszweigen wie Wappenkunde (Heraldik), Siegelkunde (Sphragistik) und Urkundenlehre (Diplomatik) zusammen.

Für den Freizeit-Familienforscher stellt die Genealogie das Grundgerüst für seine Arbeit dar. Durch sie bekommt er Arbeitsmethoden und die Grundlagenliteratur auf den Weg, mit ihrer Hilfe legt er Register an, stellt Bibliografien zusammen. Die Genealogie bietet ihm das Material, mit dem er sich seine eigene, ganz persönliche Familienchronik „basteln" kann. Durch die Detailarbeit des Hobby-Genealogen ist es dem Wissenschaftler möglich, weitergehende Forschungen anzustellen. So ist das Ganze ein äußerst fruchtbares Geben und Nehmen: Die Erkenntnisse der privaten Forschungen helfen der „großen" Wissenschaft, und die wiederum stellt ihr Wissen dem „Familien-Archäologen" als Rüstzeug zur Verfügung.

Die Geschichte der Ahnenforschung

Befasst man sich mit der Geschichte der Genealogie, so muss man die Uhr weit zurückdrehen. Jahrtausende sind auf der Zeitreise zurückzulegen, wobei man vielleicht sogar an die Anfänge der meisten Legenden, Mythen und Überlieferungen zurückkehrt. Denn vieles davon hat seinen eigentlichen Ursprung in der Aufeinanderfolge von Geschlechtern und Familien.

In den meisten Legenden wird beschrieben, dass Könige und Herrscher aller Art direkt von Gottheiten abstammen:
- Die Japaner beispielsweise sehen ihren Tenno bis in unsere Zeit als Abkömmling der Sonnengöttin Amaterasu.
- Bei den Pharaonen übernahm diese Rolle der allseits bekannte Sonnengott Ra. Das alte Ägypten kannte bereits bildliche Darstellungen von Generationenfolgen.

- In der Mythologie des antiken Griechenland nannten einige Monarchengeschlechter Zeus, den Göttervater, als Stammvater ihrer Ahnen. Und die Lieder von griechischen Sängern auf siegreiche oder gefallene Helden beinhalteten immer auch Lobpreisungen auf die jeweiligen Stammväter.
- Bei den alten Römer verhielt es sich ähnlich. Rom wurde 753 v. Chr. gegründet. Die reichen Patrizierfamilien führten ihren Stammbaum bis auf diesen Zeitpunkt und auf die Brüder Romulus und Remus zurück, die der Sage nach die Gründer der „Ewigen Stadt" sind.
- Der Begriff „Königtum von Gottes Gnaden" ist uns bis in die heutige Zeit vertraut.
- Selbst beim Lesen der Bibel fällt uns auf, dass Abstammungslinien erwähnt sind. Es gibt von den frühen Schriften (z. B. die Bücher Moses) bis hin zu Jesus Christus einen einzigen „Stammbaum". Die ersten 14 Generationen reichen von Abraham bis David, die nächsten 14 von David bis zur Babylonischen Gefangenschaft und die darauffolgenden 14 von der Babylonischen Gefangenschaft bis eben zu Jesus Christus. Rechnet man alles zusammen, liegen also insgesamt 1200 Jahre dokumentierte Geschichte vor uns.

Aber kehren wir in unsere Breiten zurück. Erst zu Anfang des Mittelalters wurde es für unsere Vorväter wichtig, nach Ahnen zu forschen. Der Grund liegt auf der Hand: Der Adel wollte sich vom Rest des Volkes deutlicher abheben. Also musste man in der Geschichte graben, um diesen Wunsch nachdrücklich zu untermauern. Im Zuge dessen drängten die „edlen Herren" darauf, sich gewisse Privilegien zu sichern. Das Resultat: Viele wichtige Ämter wurden nur noch an Adlige vergeben. Zum Beispiel durfte nur derjenige Bischof werden, der von adliger Geburt war und dies auch nachweisen konnte – er musste die „Ahnenprobe" ablegen.

Weltliche Ämter wurden von dieser Regelung ebenfalls nicht ver-
schont. Jeder Bewerber um eine solche Stellung war verpflichtet,
bis mindestens sechs Generationen zurück eine „freie" oder „adlige"
Herkunft nachzuweisen. Und es ging noch weiter nach „unten":
Wer an einem Turnier teilnehmen wollte, musste aufzeigen, dass
er von höherem Rang war als das gewöhnliche Volk. In freien Städten war damals auch die Herkunft von Handwerkern von großer
Bedeutung. Die Zünfte hatten ein strenges Auge darauf, dass ihre
Mitglieder von einer, wie es hieß, „echten und rechten" Abstammung waren. Wollte man in eine Zunft eintreten, musste man den
so genannten „Geburtsbrief" als Beweis dafür vorlegen.

Mit präziser Ahnenforschung begannen die einflussreichen Herr-
scherfamilien um die Mitte des 15. Jahrhunderts. Immer wichtiger
wurde der Nachweis, dass man blauen Blutes ist. Und so wurden
sogar Gelehrte mit dem Anfertigen von Stammbäumen beauftragt.
Wer einen solchen sein Eigen nennen konnte, dem war nicht nur
Ruhm sicher, sondern er erhielt im Zuge dessen auch privilegierte
Rechte.

Nach und nach entstand die Wissenschaft „Genealogie", die nun
auch schriftlich manifestiert werden sollte. Die ersten Bücher darüber erschienen etwa im Jahre 1700. Der Genealoge und Heraldiker Johann Christoph Gatterer gab 1788 sein Buch „Abriss der Genealogie" heraus. In seinem Werk zeigte er grundsätzliche Regeln
auf, die es bei der Ahnenforschung zu beachten galt.

Die darauf folgende Zeit muss man in Bezug auf Ahnenforschung
eher als Flaute bezeichnen. Von der Französischen Revolution bis
zur Mitte des 19. Jahrhunderts war die Genealogie nicht mehr so
präsent wie zuvor. Die bis dahin geltende Staffelung Bauer, Bürger,
Edelmann geriet auf den absteigenden Ast. Im Zuge der politischen
Wirren verlor der Adel seine gesamten Privilegien, und aus diesem

Grund sank die Bedeutung von Stammbäumen und Ahnenreihen gegen Null.

Wenn Sie nun glauben, die Zeit Napoleons sei für Sie als Hobby-Ahnenforscher daher nicht von Interesse, irren Sie allerdings. Sie hatte durchaus ihr Gutes: Wo zuvor lediglich Eintragungen in Kirchenbüchern die Regel waren, mussten fortan alle Personen auf einem staatlichen Standesamt registriert werden. Und so gab es zum ersten Mal sichere Quellen für die Familienforschung, soweit sie sich ab dem 19. Jahrhundert orientierte.

Ab 1850 zeigte das Bürgertum wieder gesteigertes Interesse an der Herkunft von Familien. Die Familienforschung, wie wir sie heute kennen, gibt es aber erst seit gut 100 Jahren. Zuvor legte man das Gewicht noch auf Geschichts- und Altertumsvereine. Auch die Heraldik, die Wappenkunde, wurde immer beliebter, und so wurde die Genealogie wieder zu einer sehr wichtigen Wissenschaft. Man griff dabei zunächst auf die Geschichte zurück und stellte bei der Forschung adlige Familien in den Mittelpunkt.

Das „Genealogische Handbuch der Geschlechter" erschien 1889. Bis heute wurden davon weit über 200 Bände herausgegeben. Eine der bekanntesten genealogischen Sammlungen ist bis heute der „Gotha". Er befasst sich allerdings ausschließlich mit adligen, nicht mit bürgerlichen Familien. Nicht nur einzelne Autoren schrieben Werke über die Familienforschung. 1904 entstanden überall in Deutschland genealogische Vereine, von denen viele eigene Zeitschriften herausbrachten. Sie versandten Mitteilungsblätter und Rundbriefe an ihre Mitglieder. So wurde ein Medium geschaffen, das sowohl privaten als auch wissenschaftlich arbeitenden Genealogen ermöglichte, Resultate und Erkenntnisse ihrer Arbeit zu veröffentlichen. Die Ahnenforschung wurde geradezu „en vogue", und dieses Hobby wurde viel und vor allem ernsthaft betrieben. Mit der

Zeit schossen immer neue Vereinigungen aus dem Boden. 1922 schlossen sie sich zur „Arbeitsgemeinschaft der familien- und wappenkundlichen Vereine" zusammen.

1933 ergriffen die Nationalsozialisten die Macht in Deutschland. Sinn und Zweck der Ahnenforschung wurden für Einzelne plötzlich zur entsetzlichen Bedrohung. Die Nazis benutzten die Genealogie als Instrument ihrer Schreckensherrschaft. Jeder Deutsche war gezwungen, in einem Ahnenpass seine Herkunft nachzuweisen. Wir alle wissen es nur zu gut: Sie musste arisch, also vor allem nichtjüdisch sein. Wer den Beweis seiner „reinen" Herkunft nicht erbringen konnte, fiel den Nürnberger Rassengesetzen zum Opfer. Die Folge: Viele Millionen Menschen wurden diskriminiert, wurden in Konzentrationslagern elend ermordet, weil sie jüdische Vorfahren hatten oder aber der „reinen Rassenlehre" nicht entsprachen.

Nach dem Zweiten Weltkrieg wandte man sich von der Ahnenforschung ab. Zu schlimm waren die Erinnerungen an die Folgen, die der Missbrauch der Genealogie hatte. Einige Vereine jedoch versuchten, ihre Arbeit wieder aufzunehmen – natürlich unter erheblich erschwerten Bedingungen, da ein Großteil der Unterlagen und Archive während des Krieges zerstört wurden. In heutigen Tagen beschäftigen sich zwar an vielen Universitäten Gelehrte und Professoren mit der Genealogie. Aber die meiste Arbeit wird an anderer Stelle getan: In zahlreichen genealogischen Vereinen und Vereinigungen, privaten Einrichtungen und Forschungsgesellschaften beschäftigt man sich eifrig mit der Familienforschung, und das auf ganz professionellem Niveau. Wie früher geben alle Vereinigungen Rundschreiben, Mitteilungsblätter und Zeitschriften heraus, die zum Teil sehr umfangreich sind. Man bemüht sich vielerorts, die Hobby-Familienforscher bei ihrer Arbeit zu unterstützen und schwer zugängliche Quellen wie Bürgerbücher, Ratsherrenverzeichnisse, Zunftlisten und Ähnliches in gedruckter Form zugänglich zu machen. Genealogische Vereinigungen unterhalten auch Archive und Bibliotheken, die für die Mitglieder zu besonders günstigen Konditionen zugänglich sind.

Was bringt die Familiengeschichte dem Einzelnen?

Wie eingangs erwähnt wurde, hängt die Geschichte einzelner Familien eng mit dem Forschen der „großen" Geschichte zusammen. Die Genealogie hält für den Historiker Details bereit, die diesem wiederum helfen, das übergeordnete Gerüst der Weltgeschichte zu vervollständigen.

In der Schule lernen wir die großen Zusammenhänge kennen. Wir erfahren hauptsächlich etwas über die großen Adels- und Herrschaftshäuser in Europa und nur wenig über das „normale" Volk und über dessen Alltagsleben. Bestimmend für das Machtgefüge waren viele Jahrhunderte lang Familien und Verwandtschaft, Familiendiplomatie (worunter auch bestimmte Heiratsstrategien fielen). So ist zu begreifen, wie wichtig die Forschung nach Familienverhältnissen für die Machtfrage in Europa war.

Zwar hat der Adel seit dem Ende des Ersten Weltkriegs in puncto Machtgefüge keine Bedeutung mehr. Die Genealogie selbst jedoch erfreut sich nach wie vor großer Beliebtheit. Sie hilft uns heute noch, politische und andere Zusammenhänge in der Vergangenheit besser zu verstehen und zu durchschauen. Wenn Sie sich eingehender damit beschäftigen, werden Sie erkennen: Auch bürgerliche Familien haben in früheren Zeiten eine wichtige Rolle in Politik und Wirtschaft gespielt. Wer kennt nicht die reichen Fugger in Augsburg, die so reich waren, dass sie sich „einen Kaiser kaufen" konnten und so indirekt die Politik des Reiches mitbestimmten. Auch andere einflussreiche Familien kommen einem in den Sinn: z. B. Krupp, Thyssen oder Rothschild. Stellt man bei diesen genealogische Forschungen an, tun sich plötzlich wichtige historische

Zusammenhänge auf. Und das Verständnis für so manche geschichtliche und soziale Entwicklung wird deutlich.

Heute wissen wir: Es ist noch gar nicht so lange her, da waren Familien ausschließlich patriarchalisch geprägt. Es ist die Genealogie, der wir diese Erkenntnis verdanken. Aus einzelnen Familienstrukturen können wir Schlussfolgerungen auf den sozialen Wandel und überhaupt auf das gesellschaftliche Leben ziehen. Die Geschichte von Einzelschicksalen verdeutlicht uns, wie die Menschen in früheren Zeiten lebten, was sie bewegte, unter welchen Schwierigkeiten sie ihr Leben fristen mussten und – letztendlich – warum wir dastehen, wo wir heute sind.

Noch ein interessantes Detail eröffnet uns die Genealogie. Bei der Erforschung von Adelsfamilien kommen manchmal einige auffällige körperliche Merkmale zutage. Ein Beispiel: die so genannte „Habsburgerlippe", die durch mehrere Generationen hindurch auftrat. Auf vielen Gemälden ist sie heute zu sehen. Aber nicht nur in historischen Familien traten solche Merkmale auf. Auch im engsten Familienkreis haben Sie bestimmt schon einmal bemerkt, dass das Baby beispielsweise die Augenfarbe des Großvaters „geerbt" hat. Oder der Sohn hat eindeutig die Form der Ohren seiner Mutter mit in die Welt gebracht. Sommersprossen sind ebenfalls nicht immer nur bei einem einzigen Familienmitglied zu erkennen. Auffällig ist manchmal auch, dass charakterliche Wesenszüge über Generationen hinweg vererbbar sind – leider sind es nicht immer nur die guten. So kann man sagen, dass die Familienforschung auch der Humanbiologie aufschlussreiche Hinweise geben kann.

Als Hobby-Familienkundler werden Sie auf Ihrer Forschungsreise wohl kaum weiter als bis ins letzte Jahrhundert vordringen können. Die Fotografie wurde schließlich erst Mitte des 19. Jahrhunderts erfunden, und gemalte Familienbilder o. ä. waren nur bei adligen oder reichen Familien üblich. Falls Sie eine längere Zeitreise unternehmen möchten, brauchen Sie schon etwas Glück auf der Suche. Vielleicht gibt es ja noch alte Briefe oder Tagebuchaufzeichnungen, die Ihre Eltern bis in die heutige Zeit gerettet haben. Aber lassen Sie sich den Spaß an Ihren „Familien-Ausgrabungen" nicht nehmen. Es kann spannend sein wie die Klärung eines Kriminalfalles – wenn Sie wissen, wie Sie vorgehen müssen. Und genau das erfahren Sie im nächsten Kapitel.

Funke

Kapitel 3

Die ersten Schritte
zur eigenen Familiengeschichte

Die Gründe, warum Sie sich mit der Geschichte Ihrer Familie beschäftigen wollen, sind vielfältiger Natur:

- Vielleicht interessieren Sie sich dafür,
  woher Ihr Familienname kommt.
- Sie oder Ihre Familie wohnen in einem Haus, das schon
  seit langen Jahren im Familienbesitz ist, und Sie wollen
  mehr über diesen steinernen Zeitzeugen erfahren.
- Vielleicht standen Sie auch bei einem Museumsbesuch vor
  einer prächtigen Ahnentafel oder waren von einem kunstvoll
  gemalten Stammbaum so beeindruckt, dass Sie Lust bekamen,
  selbst herauszufinden, woher Ihre Familie kommt.

Vorbereitungen

Aller Anfang ist schwer, und manch einer resigniert oder beginnt
gar nicht erst, weil er nicht weiß, wie er an die erforderlichen Daten herankommen soll. Das kann Ihnen als aufstrebendem Hobby-
Genealogen natürlich nicht passieren, denn in diesem Buch erfahren Sie alles Notwendige über Ihr neues Hobby.

Am Beginn steht immer das Familienstammbuch. Es ist auch möglich, dass Ihnen nur Ihre eigene Geburtsurkunde zur Verfügung

steht. Jedenfalls ist alles, was Sie an Daten oder in schriftlicher Form über Ihre Familie zusammentragen können, wichtig. Vielleicht schlummern alte Briefe oder Tagebücher in irgendeiner Kommode. Auch Ordner mit vergessenen Geschäftspapieren von „anno Tobak" können Informationen enthalten. Am meisten werden wohl Fotoalben aufbewahrt – und aus ihnen können Sie viel Wissenswertes erfahren.

Mit all dem zusammengetragenen Material können Sie bereits einiges an Daten sammeln:
- Vor- und Nachnamen der Eltern
- Vor- und Nachnamen der Großeltern
- Geburtsnamen der Mutter sowie der beiden Großmütter
- jeweilige Geburts- und Todesdaten (zumindest Jahreszahlen)
- die Heiratsdaten der Eltern und Großeltern
- die Orte der Eheschließung von Eltern und Großeltern
- die Berufe der Eltern und Großeltern

Wenn Sie das alles aufgelistet haben, sollten Sie versuchen, so viel wie möglich weitere Daten über Ihre Eltern und Großeltern herauszufinden. Vergessen Sie bei Ihren Nachforschungen auch deren Geschwister nicht. Haben Sie alles beisammen, liegt der Grundstock für Ihre Familienchronik schon vor Ihnen, und die Detektivarbeit kann so richtig losgehen.

Nun heißt es also, Kommissar spielen: Hören Sie sich Geschichten an, die Ihnen Familienmitglieder erzählen. Das geht am besten bei einem gemütlichen Essen, zu dem sich alle mal wieder treffen. Je mehr kommen, desto leichter fällt es den Anwesenden, Geschichten von früher loszuwerden. Aber auch ohne ein aufwändiges Familientreffen ist es möglich, Anekdoten zu erfahren. Rufen Sie Onkel, Tante, Opa, Oma an, denken Sie auch an ältere Freunde der Familie. Bestimmt sich die meisten bereit, die eine oder andere Begebenheit von damals zum Besten zu geben.

Vorsicht bei Klatschgeschichten aus der guten alten Zeit

Hier kommen wir allerdings schon zum ersten Problem, das geschickt umschifft werden will. Nehmen Sie sich in acht vor allzu dramatischen Geschichten und Gerüchten. Ihre „Interviewpartner" könnten in der Euphorie über verstorbene Familienmitglieder leicht in die Versuchung geraten, irgendwelche Heldentaten zu erdichten, damit die Familiengeschichte etwas spannender wird. Oft entpuppen sich Anekdötchen aus dem Freundes- oder Familienkreis als Geschichten ohne jeden Wahrheitsgehalt. Häufig spielt auch das stark nachlassende Erinnerungsvermögen älterer Verwandter oder Freunde der Familie eine große Rolle. Und so manche Familienfehde verzerrt den Wahrheitsgehalt enorm.

Die erfundenen von den echten Geschichten herausfiltern – das obliegt Ihrem Fingerspitzengefühl. Viele Erzählungen mögen einen durchaus wahren Kern haben aber für Ihre Familienchronik sollte die Wahrheit und nur die Wahrheit gerade gut genug sein. Sollte es Ihnen schwerfallen, die Spreu vom Weizen zu trennen: Sammeln Sie auf jeden Fall so viele Einzelheiten wie nur irgend möglich. Hinterher können Sie in Ruhe alles sichten und aufgrund des tatsächlichen historischen Materials das herausziehen, was für Sie von Relevanz ist. Durchaus möglich, dass die Riesenfabrik des Urgroßvaters dann auf die Größe eines kleinen Schuhladens schrumpft oder die vermögende Gräfin und Freundin der Familie in Wirklichkeit die nette Nachbarin vom Haus nebenan war.

Organisieren

Die grundlegenden Fakten über Eltern, Großeltern, Urgroßeltern (wenn dies möglich war) haben Sie also gesammelt. Um diesen höchstwahrscheinlich unübersichtlichen Wust von Papieren, Fotos etc. zu sichten, geht es jetzt erst mal ans Ordnen. Am einfachsten geht das natürlich mit einem PC (darüber mehr in Kapitel 10). All Ihre Daten können Sie dann auf Disketten oder CD-ROM speichern. Ein Computer ist aber beileibe nicht zwingend vorgeschrieben. Besitzen Sie kein solches Gerät, machen Sie es eben „per Hand". Sie greifen ganz einfach zu den guten alten Karteikarten oder Karteiblättern.

Auch wenn Sie stolzer Besitzer eines Computers sind, sollten Sie Ihre ersten Informationen ganz „altmodisch" auf Papier erfassen. Dies gilt besonders dann, wenn Sie in Ihrem neuen Hobby noch nicht versiert sind. Wenn Sie bei Ihren Nachforschungen auf den Besuch von Bibliotheken und Archiven angewiesen sind, können Sie den PC sowieso nicht mitnehmen (außer Sie nennen ein Notebook oder einen Handheld Ihr Eigen). Also müssen Sie Ihre Informationen erst zu Papier bringen und dann zu Hause einordnen.

Übrigens: Karteikarten haben einen großen Vorteil gegenüber einfachen Papierblättern, auf denen Sie Ihre Daten sammeln. In einem Karteikasten finden Sie alles relativ schnell, und Sie können Ihre Daten übersichtlich einordnen. Karteiblätter dagegen werden in der Regel abgeheftet. Um etwas zu finden, müssen Sie erst mal blättern.

Das Personenstammblatt

Wie ordnen Sie die Karteikarten? Für jeden einzelnen Verwandten benutzen Sie eine Karteikarte – auch dann, wenn die Informationen über ihn eher dürftig sind und Sie nur Namen und Lebensdaten haben. Je weiter Sie mit Ihrer Arbeit vorankommen und je mehr Fakten Sie von einer Person zusammentragen, desto hilfreicher ist es, wenn Sie jeweils eine Karte nur einem Namen zugeordnet haben. Ergeben Ihre Nachforschungen nach einiger Zeit ein mehr oder weniger deutliches Bild, können Sie anfangen, Daten zusammenzufassen. Ein paar Generationen sollten Sie dann aber schon zurückgegangen sein. Vielleicht können Sie zu diesem Zeitpunkt auch schon anfangen, einen Stammbaum zu zeichnen. Und damit sind wir schon beim nächsten Schritt.

Gehen Sie drei bis vier Generationen zurück, und legen Sie für jeden Ihrer Vorfahren ein so genanntes „Personenstammblatt" an. Kalkulieren Sie dabei genügend Platz ein, denn in früheren Generationen hatte man weit mehr Kinder als heute – zehn Sprösslinge waren damals keine Seltenheit.

Dieses *Personenstammblatt* sollte nachfolgende Daten enthalten (Darstellung siehe nächste Seite).

Es kann sein, dass nach Anlegen des Personenstammblattes aufgrund Ihrer Recherchen weitere Fakten über Ihren Vorfahren ans Tageslicht kommen. Dafür haben Sie die Rubrik „Besondere Anmerkungen" eingeplant. Hier tragen Sie ein, wenn Sie den Beruf herausgefunden haben, ob und welche öffentlichen Ämter Ihr Vorfahre bekleidet hat, welche Ehrungen er erhalten hat, welche besonderen Eigenschaften und Charakterzüge er besaß. Das Personenstammblatt sollten Sie sorgfältig führen, denn es ist ein wichtiger Grundstock zu Ihrer Ahnenkartei und für eine Familienchronik.

Wenn Sie nur Ihre nächsten Familienmitglieder nach diesem System erfassen, haben Sie schnell zehn bis 20 Blätter. Diese Grundstocksammlung ist sozusagen Ihr „Heiligtum". Darin muss unbedingt zu jeder Zeit Ordnung herrschen, denn mit Ihren weiteren Nachforschungen kommen immer mehr Daten und Fakten zusammen, die sorgfältig archiviert werden wollen. Langsam kommt der Zeitpunkt, an dem Sie sich eine Generationenübersicht mit römischen Ahnenziffern anlegen müssen.

Nummer _____

Name: _____ Geburtsname: _____
Vornamen _____
geboren am _____ in _____
getauft am _____ in _____
Vater (Name) stammt aus _____
Mutter (Name) stammt aus _____

Geschwister:
1. Name _____ geb./gest. _____
2. Name _____ geb./gest. _____
3. Name _____ geb./gest. _____
4. Name _____ geb./gest. _____
_____
_____

Heirat:
1. am _____ in _____
mit (Name) _____
2. am _____ in _____
mit (Name) _____

Kinder:
1. Name _____ geb./gest. _____
2. Name _____ geb./gest. _____
3. Name _____ geb./gest. _____
4. Name _____ geb./gest. _____
_____
_____

gestorben am _____ in _____

Besondere Anmerkungen:
_____
_____
_____

Für die Numerierung gibt es seit dem Jahr 1676 ein System. Erarbeitet hat es der Spanier de Sosa. In Deutschland wurde es Ende des 19. Jahrhunderts weiter entwickelt und zum Standard erhoben. Dieser hat bis heute Bestand, und auch Sie sollten sich seiner bedienen. Er hat sich bewährt und vereinfacht Ihre Untersuchungen enorm:

- Das Blatt bzw. die Karte mit der Ziffer 1 ist Ihre eigene. Wenn Sie Kinder haben und für sie eine eigene Chronik anlegen wollen, tragen Sie hier bitte auch die Daten der Sprösslinge ein.
- Die Karten mit den Ziffern 2 und 3 sind Ihrem Vater bzw. Ihrer Mutter mit den dazugehörigen Daten zugedacht.
- Sie haben es sich sicher schon gedacht: Die Generation der Großeltern benötigt vier Karten mit den Ziffern 4, 5, 6 und 7.
- Und wie viele Karten bekommen die Urgroßeltern? Richtig, es sind acht an der Zahl. Sie tragen die Ziffern 8, 9, 10, 11, 12, 13, 14 und 15.

Nach diesem System gehen Sie immer weiter zurück in die Vergangenheit. Eine große Hilfe ist es auch, alle weiblichen Vorfahren mit ungeraden Ziffern zu versehen und alle männlichen mit geraden. So können Sie auf einen Blick erkennen, welches Geschlecht die Person auf der Stammkarte hat(te). Auch das gehört zu dem seit vielen Jahren standardisierten System.

So ist es für Sie kein Problem, das System logisch fortzuführen und sich die Arbeit zu erleichtern. Sämtliche Väter haben eine doppelt so hohe Ziffer wie das Kind, und die Kennziffern der Mütter berechnen sich nach der Formel: Kennziffer des Kindes mal zwei plus eins. Das alles liest sich im ersten Moment vielleicht etwas kompliziert. Wenn Sie jedoch das System von Anfang an richtig anwenden, kommt die „Erleuchtung" ganz von selbst.

Leider hat die Genealogie eine Schwäche: Die Gleichberechtigung
der Frau ist hier nicht berücksichtigt. Grundlage der Ahnenforschung sind nun mal die Kennziffern des Mannesstammes. Die
Vorfahren in der direkten männlichen Linie tragen in der Regel
auch denselben Namen – nämlich Ihren Familiennamen, wenn Sie
selbst der Hobby-Forscher sind.

Jetzt schwirren Ihnen wohl lauter Zahlen im Kopf herum. Und Sie
fragen sich: Muss ich denn wirklich für jeden einzelnen Verwandten eine extra Karte anlegen? Spätestens ab dem Großvater väter-
licherseits werden Sie den Vorteil dieses Nummernsystems erkennen. Wenn Sie die Zahl sehen, wissen Sie immer sofort, wessen
Karte Sie in Händen halten. Die Zahlen Ihrer Vorfahren steigen in
geometrischer Zweierfolge: 2-4-8-16-32-64-128 und so weiter.
Ohne dieses systematische Numerieren würden Sie den Überblick
bald völlig verlieren.

Die Generationenübersicht

Mittlerweile haben Sie schon eine ganz ordentliche Ahnenkartei
zusammengetragen. Jetzt muss diese Kartei in die richtige Ordnung
gebracht werden: Die einzelnen Generationen werden numeriert,
und zwar mit römischen Ziffern. Je größer die Ahnenliste wird, desto
besseren Überblick haben Sie. Als Faustregel gilt: Jede Ahnenreihe beinhaltet doppelt so viele Personen wie die vorhergehende. Allerdings ist auch hier Vorsicht geboten. Früher war es gar nicht so
unüblich, dass eine Ehe unter Verwandten geschlossen wurde. In
einem solchen Fall gerät die oben erwähnte Faustregel ins Wanken.

Dennoch – man kann es gar nicht oft genug erwähnen: Ordnung
ist das oberste Gebot bei Ihrer Ahnenkartei. Vom Anlegen der ersten Personenstammblätter bis zur umfassenden Familienchronik
ist ein Arbeiten ohne dieses System undenkbar. Nur wenn Sie den

Überblick behalten, können Sie sich auf die Zeitreise in die eigene Vergangenheit machen. Denn erst jetzt beginnt die eigentliche Forschungsarbeit. Erst jetzt durchstöbern Sie richtig die vergangenen Jahrhunderte, treffen auf die Wurzel Ihrer Familie und somit auch auf Ihre eigenen.

Die zwölf Gebote für erfolgreiche Familienforscher

Damit Sie Ihrem neuen Hobby erfolgreich nachgehen können, halten Sie sich am besten an die folgenden zwölf Gebote, die in einer Handschrift für Familienforschung zu lesen sind. Die Gebote sind besonders dann von Bedeutung, wenn Sie nicht nur im eigenen Familienkreis recherchieren, sondern sich auch an Vereine, Archive, Ämter und Behörden wenden. Nehmen Sie sich diese wichtigen Tipps zu Herzen, und Ihre Forschungsarbeit wird von Erfolg gekrönt sein:

1. Sollten Sie schriftliche Anfragen versenden, vergessen Sie nicht, Rückporto beizulegen. Ihre Ansprechpartner werden um so eifriger bemüht sein, Ihr Ansinnen zu bearbeiten.

2. Bei allen Nachforschungen heißt es: Kühlen Kopf bewahren! Erwarten Sie keine fantastischen Geschichten. Schalten Sie Ihre Phantasie so weit wie möglich aus, um nicht auf Irrwege zu geraten – zumal dies auch unnötige Kosten verursachen könnte.

3. Haben Sie Geduld! Es kann durchaus Adressen geben, die nicht imstande sind, Ihnen weiterzuhelfen. Nicht jede Anfrage Ihrerseits kann auf eine Quelle stoßen, von der Sie sich im Übermaß bedienen können. Auch so manches Archiv wird die Flügel strecken müssen, wenn Sie mit Ihren speziellen Familienangelegenheiten kommen.

4. Sowie auf eine Anfrage Informationen ins Haus geflattert kommen, sollten Sie sich diese notieren. Legen Sie Ihre Post nicht beiseite oder achtlos auf einen Haufen. Irgendwann sammeln

sich so viele Schreiben auf Ihrem Tisch, dass Sie den Überblick verlieren. System und Ordnung sind das A und O – Sie erinnern sich ...

5. Ein wichtiger Punkt bei Ihrer Arbeit: Ziehen Sie Fachliteratur hinzu! Auch gibt es genügend Experten, die Sie ansprechen können. Sie wissen viel und können Ihnen Quellen aufzeigen, an die Sie bis jetzt noch gar nicht gedacht haben. Spezialisten können Ihnen Tipps und Ratschläge geben, wie Sie besser und effektiver vorgehen können. Falscher Stolz („Ich schaff' das auch allein!") führt Sie nicht weiter. Mit der Hilfe von Leuten, die sich professionell mit dem Thema Genealogie beschäftigen, wird Ihr Hobby nur noch spannender und für Sie vertrauter.

6. Stürzen Sie sich nicht gleich auf das Studium von Quellen. Machen Sie sich nach und nach mit Ihrem neuen Hobby vertraut: Lesen Sie Bücher darüber, beginnen Sie mit kleinen Schritten im nächsten Familienkreis.

7. Anfragen an Behörden, Vereine o. ä. sollten Sie kurz und prägnant formulieren. Ihre Fragen sollten sofort zu verstehen sein und nicht vom Thema abschweifen. Selbstverständlich bleiben Sie dabei höflich und zuvorkommend. Kurz und knapp heißt nicht, die Etikette links liegen lassen.

8. Es kann vorkommen, dass Sie für manche Nachforschungen nicht die Zeit haben. Vielleicht müssen Sie eine andere Person damit beauftragen. Aber: Wenn Sie einen Freund oder Bekannten in ein Archiv schicken, bieten Sie ihm ein Honorar an (das kann natürlich auch die Einladung zu einem Essen sein!). Sie können auch einen offiziellen Nachforschungsauftrag vergeben, etwa an eine Gesellschaft für Familienforschung. In diesem Fall erkundigen Sie sich aber vorher nach der Höhe des Honorars. Sonst könnten Sie eine böse Überraschung erleben ...

9. Bevor Sie Nachforschungen unternehmen, sollten Sie sich zuerst ein solides Grundwissen aneignen. Sie können Fachliteratur lesen, aber auch einem genealogischen Verein beitreten.

10. Wenn Sie einmal angefangen haben, schieben Sie nichts auf die lange Bank. Es kann auch sein, dass Sie für jemand anderes in Archiven tätig sind. Brauchen Sie längere Zeit als geplant, so geben Sie Ihrem Auftraggeber rechtzeitig Bescheid. Manche Arbeit erfordert eben mehr Aufwand. Hauptsache, das Ergebnis ist zufriedenstellend.

11. Erwarten Sie nicht, dass Ihre Nachforschungen bis in die graue Vorzeit zurückgehen. Setzen Sie sich lieber von Anfang an zeitliche Vorgaben. Entscheiden Sie, bis zu welchem Vorfahren Sie sich durcharbeiten wollen. Wenn Sie Ihre Arbeit beendet haben, zögern Sie nicht, sie zu veröffentlichen. Ihre Erfahrungen können anderen nützen, die sich mit diesem Thema befassen. Unter Umständen erhalten Sie sogar von anderen Hobby-Familienforschern nützliche Tipps und Anregungen für Ihre weitere Arbeit.

12. Ganz wichtig: Sollten Sie aufgrund Ihrer schriftlichen oder telefonischen Anfrage brauchbares Material zugesandt bekommen, bedanken Sie sich. Ihr Recherchepartner freut sich darüber, und die Hilfsbereitschaft Ihrer Mitmenschen steigt. Vielleicht benötigen Sie ja wieder einmal deren Unterstützung ...

Held

Kapitel 4

Informationen sammeln – offizielle Quellen

Ihr Karteikasten wächst und wächst. Sie haben Personenstamm-
karten angelegt, Informationen gesammelt, Ihre Verwandtschaft
interviewt. Um mehr Fakten zu bekommen, müssen Sie sich nun
außerhalb Ihres engeren Familienkreises bewegen. Hier gibt es
mehrere Möglichkeiten.

Das Standesamt

Die zweckmäßigste Anlaufstelle für Ihre Nachforschungen ist das
Standesamt. Es ist natürlich auch möglich, bei kirchlichen Gemeinden zu stöbern. Die haben jedoch einen Nachteil: In den Kirchenbüchern finden Sie nur diejenigen Geburten, Eheschließungen und
Todesfälle, die die Angehörigen der jeweiligen Konfession betref-
fen. Diese Listen sind also nicht unbedingt vollständig. Standesämter hingegen registrieren akribisch und lückenlos alle Geburten,
Hochzeiten und Sterbefälle einer Gemeinde. Die Religionszugehörigkeit ist hier nicht von Belang. Somit wird Ihre Suche nach
Quellen beim Standesamt von ungleich mehr Erfolg gekrönt sein.

Grundsätzlich werden alle Einwohner eines Bezirks im Standesamt
registriert. Das ist eine wichtige Tatsache, an der Sie anknüpfen
sollten. Im Jahre 1876 wurde im gesamten Deutschen Reich dieses
Prinzip eingeführt, und bei den Nachforschungen sollten sämtliche

Standesämter bis zu dieser Zeit zurückgreifen können. In manchen
Teilen Deutschlands kann man sogar noch weiter zurück forschen.

Wie schon erwähnt, besteht seit der Zeit der Französischen Revolution Meldepflicht. Das betrifft die linksrheinischen Gebiete, in
denen die Zivilverwaltung der Ersten Französischen Republik kurz
vor der Jahre 1800 Standesämter eingerichtet hat. Sollten Sie oder
Ihre Angehörigen aus dieser Gegend stammen, können Sie fast 200
Jahre Familiengeschichte aus den dortigen Standesämtern „her-
ausholen". Auch vereinzelte Regionen auf der rechten Uferseite des
Rheins übernahmen damals diese von Napoleon ins Leben gerufene
Einrichtung.

Auch nach der Neuordnung Deutschlands im Jahre 1815 wurde
diese Einrichtung aus napoleonischer Zeit beibehalten, und die freien
Städte Hamburg, Bremen, Lübeck und Frankfurt am Main zogen
um 1850 nach. 1874 schließlich folgte ganz Preußen. Und im Jahre 1876 mussten alle Geburten, Eheschließungen und Sterbefälle
den zuständigen Standesämtern gemeldet werden.

*Jahreszahlen und Monatsbezeichnungen
in der französischen Revolution*

Die ersten Standesämter entstanden also unter französischer Herr-
schaft. Infolgedessen sind auch die meisten Urkunden aus der
Frühzeit in französischer Sprache verfasst. Sie beherrschen kein
Französisch? Keine Sorge: Schon zu damaliger Zeit arbeiteten die
Beamten mit System und Ordnung, und so finden sich in allen Ur-
kunden immer wieder dieselben Begriffe:
- *Acte de naissance* heißt Geburtsurkunde.
- *Acte de marriage* heißt Heiratsurkunde.
- *Acte de décès* heißt Sterbeurkunde.

Wenn es in die Details geht, etwa bei der Berufsbezeichnung, werden Sie allerdings um ein Wörterbuch nicht herumkommen. Auf eines ist bei den Urkunden in französischer Sprache außerdem zu achten: Die Familiennamen wurden zwar nicht geändert, die Vornamen wurden jedoch oft ins Französische übersetzt:

- Aus Jakob beispielsweise wurde Jacques,
- aus Friedrich Frédéric,
- aus Hans machte man kurzerhand einen Jean.

Bei Ihren Recherchen kann es also durchaus sein, dass einer Ihrer Vorfahren sowohl als Jean als auch als Hans in den Akten erscheint – je nachdem, ob das Papier in französischer oder in preußischer Zeit ausgestellt wurde.

Auch bei den Ortsnamen neigte man dazu, sie zu übersetzen. Dies galt allerdings nur für die größeren Städte. Kleineren Gemeinden ließ man großzügig ihren deutschen Namen.
Einige Beispiele:

- Aus Mainz wurde Mayence.
- Aus Köln wurde Cologne.
- Aus Aachen wurde Aix-la-Chapelle.
- Aus Speyer wurde Spire.
- Aus Zweibrücken wurde Deux-Ponts.

Die französische Revolution brachte noch einige andere Änderungen mit sich – zum Beispiel den Kalender. 1792 – das Jahr der Revolution – wurde zum Jahr 1 der neuen Zeitrechnung kreiert. Diese hielt sich bis 1805, und in den Urkunden der Standesämter erscheinen diese Jahre wie folgt:

Jahr	Jahr nach der Revolution
1792/93	I
1793/94	II
1794/95	III

1795/96	IV
1796/97	V
1797/98	VI
1798/99	VII
1799/1800	VIII
1800/01	IX
1801/02	X
1802/03	XI
1803/04	XII

Und weil's so schön war, änderte man die Monatsnamen auch gleich. Die reformfreudigen Revolutionäre kannten folgende Einteilung:

Herk. Bezeichnung	Name nach der Revolution
ab 22. September	Vendemaire
ab 22. Oktober	Brumaire
ab 21. November	Frimaire
ab 21. Dezember	Nivôse
ab 20. Januar	Pluviôse
ab 19. Februar	Ventôse
ab 21. März	Germinal
ab 20. April	Floréal
ab 20. Mai	Prairial
ab 19. Juni	Messidor
ab 19. Juli	Thermidor
ab 18. August	Fructidor

Damit nicht genug: In manchen Jahren verschoben sich die Monate. Für die genaue Umrechnung gibt es eine Tabelle, die Sie im Anhang des Buches finden.

Es kann durchaus sein, dass Sie bei Ihren Nachforschungen auf französische Archive angewiesen sind, in denen Ihnen die oben genannten Monatsbezeichungen oder Jahreszahlen nach der Revolution auffallen. Benutzen Sie zur „Dechiffrierung" dann einfach die Tabellen im Anhang. Auch Experten arbeiten damit, können Ihnen aber auch – falls Sie selbst nicht damit klarkommen – weiterhelfen. Adressen finden Sie in diesem Buch im Kapitel 6.

Bisher sind wir davon ausgegangen, dass Sie Ihre Untersuchungen in Ihrem Heimatort bzw. in dem Ihrer Eltern tätigen. Etwas schwieriger wird es, wenn Sie oder Ihre Eltern an den jetzigen Wohnort zugezogen sind. In diesem Fall müssen Sie das Standesamt des Heimatortes bemühen. Aber das ist kein Problem, Sie müssen auch nicht unbedingt auf eine große Reise gehen. Schreiben Sie einfach einen kurzen, aber höflichen Brief an das Standesamt in der Ferne, und bitten Sie um Auskunft. Wichtig ist, den genauen Grund für Ihr Anliegen zu erwähnen und den Namen des Verwandten nicht zu vergessen, über den Sie eine Auskunft wünschen. Denken Sie auch an den frankierten Rückumschlag, und weisen Sie darauf hin, dass Sie selbstverständlich bereit sind, eventuelle zusätzliche Kosten zu tragen.

Diese zusätzlichen Kosten können zum Beispiel entstehen, wenn Ihnen das Standesamt eine beglaubigte Abschrift oder Kopie zuschickt – das kostet Geld. In diesem Fall erwartet Sie eine Rechnung über etwa 15 Euro. Hierin sind die Bearbeitungsgebühren jedoch meist enthalten.

Grundsätzlich dürfen Sie nicht davon ausgehen, dass alle Standesämter Ihnen ohne weiteres Auskünfte geben. Aber wenn Sie Glück haben, erwischen Sie einen kooperativen Beamten, der Sie in Ihrem Bemühen um eine lückenlose Familienchronik gern unterstützt. Auf jeden Fall sollten Sie sich von ein paar zusätzlichen Kosten nicht abschrecken lassen. Eine beglaubigte Kopie einer Urkunde ist allemal aussagekräftiger als ein paar Daten, die Ihnen per Brief mitgeteilt werden.

Wenn Sie Ihre Kosten partout in engen Grenzen halten wollen, können Sie das Standesamt auch darauf aufmerksam machen, dass Sie keine beglaubigte Kopie benötigen. Es ist auch möglich, dass Sie auf Ihrer Geburtsurkunde wichtige Informationen finden. Ältere Schriftstücke dieser Art enthalten bisweilen genauere Details, wie etwa weiter zurückgehende Generationen. Und ehe Sie sich versehen, erfahren Sie auf diesem Wege, wer Ihre Ururgroßeltern waren.

Optimal wäre es, wenn Sie beim Standesamt persönlich Akteneinsicht nehmen dürften. Nennen Sie einfach als Begründung „Private Familienforschung" – bei den meisten Archiven und Ämtern wird dies als ausreichender Grund akzeptiert. Auf diese Weise ersparen Sie sich aufwendigen Schriftverkehr, und natürlich können Sie so eine ganze Menge Zeit sparen. Bedenken Sie auch: Kein Standesbeamter ist verpflichtet, Sie bei Ihrer Arbeit zu unterstützen. Sie sind auf sein Wohlwollen angewiesen. Und hier sind wir wieder bei unseren zwölf Geboten: Lassen Sie Höflichkeit und Freundlichkeit walten, und Sie kommen besser ans Ziel!

Irgendwo ist natürlich auch bei den Standesämtern der Punkt gekommen, wo nicht mehr weiter in der Vergangenheit gebohrt werden kann. Sind Sie dennoch gewillt, Ihre Zeitreise fortzusetzen, müssen Sie zu älteren Quellen greifen – den kirchlichen Registern.

Kirchenbücher

Bevor es Standesämter gab, waren die Kirchenregister die einzigen Quellen, in denen alles akkurat verzeichnet wurde – also bis etwa gegen 1800. Aber wie schon erwähnt betrifft das lediglich Geburten, Eheschließungen und Sterbefälle der jeweiligen Religionszugehörigkeit.

Auch bei den Kirchenbüchern finden sich die ältesten Quellen in Frankreich. Sie gehen sogar zurück bis ins Jahr 1305. Die ältesten deutschsprachigen Kirchenbücher stammen von 1490 bzw. 1498. Es handelt sich um die Taufbücher von Basel und Annaberg/Sachsen.

Anfangs gab es nur Taufregister und eine Liste der Trauungen. Die Form dieser Register wurde im Jahre 1563 durch das Konzil von Trient festgelegt. Es sollte noch weitere 50 Jahre dauern, bis die Sterberegister hinzukamen. Die brandenburgisch-nürnbergische Kirchenordnung legte 1533 fest, wie in evangelischen Ländern die Taufen und Eheschließungen registriert werden müssen. Im weiteren Verlauf des 16. Jahrhunderts wurden von fast allen protestantischen Landesfürsten eigene Ordnungen erlassen, die aber alle ähnliche Reglements beinhalten.

Man kann also sagen, dass spätestens seit etwa 450 Jahren ständig Kirchenbücher geführt wurden. Eine lange Zeit – dagegen muten die 150 Jahre der standesamtlichen Buchführung geradezu dürftig an. Eigentlich sollte man meinen, dass aufgrund dieser langen Periode aus Kirchenbüchern eine Menge Informationen zu ziehen sind. Doch das ist leider nicht der Fall: Bis heute ist nämlich nur ein geringer Teil der alten Aufzeichnungen erhalten geblieben. Gründe dafür gibt es viele: Zunächst einmal fielen viele Urkunden der Zerstörung durch Krieg und Revolution zum Opfer. In früheren Jahrhunderten waren die Menschen zudem einer großen Anzahl von Katastrophen ausgesetzt, denen sie hilflos gegenüberstanden – Seuchen, Naturkatastrophen wie Überschwemmungen und Feuersbrünste. All das machte vor den unersetzlichen Aufzeichnungen nicht halt. Auch wurden die Urkunden in so manchem Pfarrhof äußerst unsachgemäß gelagert: etwa in feuchten Kellern oder

Speichern, die das Papier verrotten ließen. Es konnte auch durchaus sein, dass Kirchenbücher einer Entrümpelung zum Opfer fielen.

Das Wort „Kirchenbuch" stellt im Grunde genommen einen Ober-
begriff dar. Man versteht darunter ganz allgemein sämtliche Ur-
kundensammlungen, in denen Taufen, Eheschließungen und Sterbefälle einer Kirchengemeinde aufgeführt sind. Je nach Landstrich
waren für „Kirchenbuch" verschiedene Begriffe gebräuchlich:

- In katholischen Gemeinden Süddeutschlands spricht man
  von *Matriken* oder *Matrikeln,*
- die Schweiz nennt sie *Rodeln* oder *Rotuli.*
- Allgemein gebräuchlich sind auch die Begriffe *Register,
  Catalogus, Index* oder *Verzeichnis.*

Ihre Probleme als Familienforscher sind: Woher wissen Sie, welches Buch einer Kirchengemeinde Ihnen bei Ihren Forschungen
weiterhelfen kann? Wie kommen Sie an das Material aus Kirchenbüchern heran?

Zunächst sollten Sie versuchen, ein wichtiges Datum im Leben des
Vorfahren herauszufinden (Taufe, Heirat oder Todestag). Solche Daten können auch bereits in den Urkunden des Standesamtes zu finden sein. Dann schreiben Sie ans entsprechende Pfarramt. Am besten ist natürlich, Sie haben das genaue Geburtsdatum. Daraus können Sie das ungefähre Taufdatum erahnen. Das Kirchenbuch sagt
Ihnen mit einem bisschen Glück die Namen der Eltern, der Paten
etc., und aus alledem können Sie möglicherweise sogar den Beruf
und den Wohnort der Eltern recherchieren.

Nicht immer ist es möglich, sich direkt an ein Pfarramt zu wenden. Vielleicht gibt es am Heimatort Ihrer Vorfahren gar kein Pfarramt mehr. In einem solchen Fall wenden Sie sich an das bischöf-
liche Ordinariat. Etwas schlechter sieht es für Ihre Recherchen aus,
wenn Sie die Konfession Ihres Ahnen nicht kennen. Dann heißt es

kombinieren: Welcher Landstrich war zur damaligen Zeit vorwiegend katholisch, welcher evangelisch? In früherer Zeit war die Religionszugehörigkeit noch geordneter:

- Im Norden Deutschlands, etwa in Schleswig-Holstein, waren evangelische Gemeinden besonders stark vertreten, dasselbe galt für Brandenburg, Mecklenburg-Vorpommern und Ostfriesland.
- Die Katholiken hingegen bevölkerten vorwiegend das Münsterland, die Eifel, das Emsland, den Raum um Fulda, Oberschwaben sowie Nieder- und Oberbayern.

Genauer können Sie die Konfessionsverteilung in statistischen Gemeindeverzeichnissen finden. Sollten Sie tatsächlich einmal das falsche Pfarramt kontaktiert haben, so ist das selbstverständlich kein Beinbruch. Es ist anzunehmen, dass noch ein anderes in dem Ort existiert. Dort werden Sie dann eher fündig. Bei schriftlichen Anfragen an das Pfarramt gelten natürlich dieselben Regeln wie für Schreiben an das Standesamt:

- Formulieren Sie Ihre Anfrage höflich.
- Erklären Sie genau, wozu Sie die Informationen brauchen.
- Teilen Sie mit, dass Sie eventuelle Auslagen selbstverständlich übernehmen.
- Vergessen Sie auch hier nicht den frankierten Rückumschlag!

Auch wenn Sie Ihre Anfrage formvollendet gestaltet haben – es kann sein, dass Sie vergeblich auf Antwort warten. In einem solchen Fall schreiben Sie nach ein paar Wochen wieder. Sollte sich auch darauf keine Reaktion einstellen, wenden Sie sich an das Archiv der Landeskirche. Es ist nämlich durchaus möglich, dass das von Ihnen gesuchte Kirchenbuch nicht mehr in dem Pfarramt selbst aufbewahrt wird, sondern mittlerweile in den Archiven der bischöflichen Ordinariate oder der Landeskirchen. Und dort kann man Ihnen mit Sicherheit weiterhelfen.

Gehen wir einmal davon aus, dass Sie glücklicher Besitzer der gewünschten Unterlagen geworden sind. Um weiter zu forschen, müssen Sie beachten: Aufzeichnungen in Kirchenbüchern weichen von denen der Standesämter ab. Bei letzteren finden Sie die exakten Geburts-, Heirats- und Sterbedaten. In Kirchenbüchern hingegen werden nur die mit diesen Tagen verbundenen Ereignisse festgehalten:

- bei der Geburt die Taufe,
- bei einer Heirat der Tag der kirchlichen Trauung,
- bei einem Todesfall der Tag der Beerdigung.

Aber bekanntlich liegen die Tage der Geburt und Taufe sowie des Todes und der Bestattung nicht weit auseinander. In früheren Zeiten wurden die Kinder noch am Tag der Geburt getauft. Dies regelte man so, weil bis vor etwa 100 Jahren die Säuglingssterblichkeit sehr hoch war. Und ungetauft sollte ein Kind auf gar keinen Fall sterben. Auch gab es Zeiten, in denen ein Verstorbener umgehend beerdigt werden musste, da Seuchengefahr bestand.

Erst seit im vergangenen Jahrhundert die Zivilehe eingeführt wurde, kennt man zeitliche Abweichungen bei Hochzeitsfeierlichkeiten. Bevor es standesamtliche Aufzeichnungen gab, war ja lediglich die kirchliche Trauung üblich. Genau dieses Datum findet man in den Kirchenbüchern.

Sprachliche Hürden bei Kirchenbüchern

Auch bei kirchlichen Aufzeichnungen gibt es sprachliche Hürden, vor denen Sie aber keineswegs kapitulieren müssen. Bis weit ins 19. Jahrhundert hinein wurden die Bücher in Latein geführt, der kirchlichen Amtssprache. Nur evangelische Kirchenbücher wurden bereits in deutscher Sprache verfasst. Außerdem war es im 16. und

17. Jahrhundert die Regel, den Familiennamen ist Lateinische zu übersetzen. Auf diese Weise entstand so mancher kuriose Name aufgrund der wortwörtlichen Übersetzung.

Wie in den Urkunden der Standesämter in den französisch besetzten Territorien wiederholen sich auch bei den lateinischen Ausdrücken die Begriffe immer wieder, sodass Sie bei Ihren Recherchen lediglich die Berufsbezeichnungen im Wörterbuch nachschlagen müssen. Es war übrigens üblich, den Beruf bei der Übersetzung des Familiennamens ins Lateinische mit einfließen zu lassen. Hier also die gebräuchlichen lateinischen Begriffe in Kirchenbüchern:

lat. Bezeichnung	Bedeutung
affinis	Schwager, Schwiegersohn
avia	Großmutter
avius	Großvater
copulatio	Trauung
defunctus	gestorben
maritus	Ehemann
natus filia	geborene Tochter
natur filius	geborener Sohn
nutrix	Amme
patrius	Pate
proclamati	die Aufgebotenen
renatus	getauft
sepultus	bestattet, beerdigt
spurius	unehelich
vidua	Witwe
vitricius	Stiefvater

Am Anfang sind dies sicher eine Menge fremder Ausdrücke, mit denen Sie da klarkommen müssen. Aber Sie werden sehen: Je län-

ger Sie sich mit alten Dokumenten und Urkunden befassen, desto
vertrauter werden Ihnen die ungewohnten Worte und desto leichter können Sie mit ihnen umgehen.

Fremde Schriften?

Außer der Sprache können aber noch andere Probleme auf Sie zu-
kommen. Bei handschriftlichen Eintragungen können Sie durchaus auf deutsche Schreibschrift stoßen – und die kann heutzutage
kaum noch einer lesen. Da haben Sie Glück, wenn in Ihrer Verwandtschaft noch jemand lebt, der die alte deutsche Schreibschrift
selbst gelernt hat oder wenigstens noch lesen kann. Sollte sich die
Spur Ihrer Ahnen in den russischen oder griechischen Sprachraum
ausdehnen, stehen Sie natürlich vor einem schier unlösbaren Problem, denn hier gelten für uns praktisch unleserliche Schriftzei-
chen. Hält Sie das nicht davon ab, weitere Nachforschungen zu betreiben, so müssen Sie die Hilfe eines Experten in Anspruch nehmen. Unter Umständen kann das unabsehbare Kosten nach sich
ziehen. In einem solchen Fall müssen Sie abwägen: Ist mir die
Übersetzung eines Dokumentes so wichtig, oder orientiere ich mich
mit meinen Recherchen in eine andere Richtung?

Adressbücher

Außer den Standesämtern und den kirchlichen Quellen gibt es noch
andere Möglichkeiten, etwas über seine Vorfahren zu erfahren. Vor
ungefähr 200 Jahren erschienen in mehreren Städten Deutschlands
so genannte „Adresskalender", eine Mischung aus Kalendarium fürs
laufende Jahr und einer Auflistung der Einwohner der jeweiligen
Stadt. Mit der Zeit verzichtete man dann auf den Kalender, und
übrig blieb der Adressteil. So entstand das Adressbuch. Immer mehr
deutsche Städte folgten diesem Beispiel, und um auf dem aktuel-

len Stand zu bleiben, wurde Neuauflage auf Neuauflage gedruckt. In den Stadtarchiven fast aller Städte in Deutschland kann man diese Adressbücher einsehen. Wenn sie gut erhalten sind, liegen sie sogar in öffentlichen Bibliotheken aus. Viele diese Bücher existieren nicht mehr, da sie während des Zweiten Weltkrieges verloren gegangen oder zerstört wurden.

An die Detailgenauigkeit von Aufzeichnungen im Standesamt kommen Adressbücher naturgemäß nicht heran. Hilfreich sind sie unter Umständen, wenn einer Ihrer Ahnen mehrmals umgezogen ist. Dann können Sie mit einem Adressbuch seine Aufenthaltsorte verfolgen. Voraussetzung ist allerdings, dass der Verwandte seinen Familienstand nicht geändert hat. Aber auch wenn jemand innerhalb einer großen Stadt mehrmals umgezogen ist, können Sie einiges an Rückschlüssen über ihn ziehen. Wenn das Familienmitglied beispielsweise von einem ärmeren in einen reicheren Stadtteil gezogen ist, liegt die Vermutung nahe, dass er irgendwie zu Vermögen gekommen ist. Wieder ein Punkt, an den es sich anzuknüpfen lohnt, um mehr zu erfahren.

In vielen Adressbüchern sind auch die Berufsbezeichnung und – falls vorhanden – der militärische Rang der aufgelisteten Person angegeben. Schon wird das Bild der betreffenden Person schärfer, und Sie erfahren vielleicht Einzelheiten, die Ihnen bis dahin verborgen geblieben sind. Interessant sind auch die Anzeigen in diesen Büchern. Sie sind ein Spiegel der damaligen Zeit und machen das Leben dort ein wenig transparenter.

Zeitungen und Chroniken

Um sich ein möglichst deutliches Bild von Ihren Vorfahren zu machen, lohnt es sich für Sie, auch mal der Lokalzeitung einen Besuch abzustatten. In den dortigen Archiven schlummern die alten Ausgaben, und beim Durchstöbern der Artikel fühlen Sie sich selbst wie hineinversetzt in eine Zeit, die längst Vergangenheit ist. Hier können Sie auch Interessantes in den Chroniken der Gemeinde finden, auch Jubiläumszeitungen von Gemeinden, Schulen und Vereinen warten darauf, von Ihnen entdeckt zu werden. Gedruckte Zeitzeugen – intensiver können Sie kaum in die Geschichte Ihrer Vorfahren eintauchen.

Literatur aus der Heimat

Viele Gegenden Deutschlands haben Schriftsteller hervorgebracht, die sich darauf spezialisiert haben, die Heimat in allen Farben zu beschreiben. Fragen Sie in öffentlichen Bibliotheken nach diesen Autoren. Aus deren Büchern kann man eine ganze Menge über die Heimat des Vorfahren erfahren, das man anderswo nicht findet. Am bekanntesten sind wohl die Heimatromane von Ludwig Ganghofer und Hermann Löns. Sie mögen die „triefende Romantik" vielleicht ablehnen. Und doch finden sich in den Werken viele wissenswerte Einzelheiten, die durchaus den damaligen Zeitgeist widerspiegeln.

Einwohnermeldeamt

In früheren Zeiten – und das hat sich bis heute nicht geändert – wurden bei den örtlichen Polizeidienststellen Einwohnermelderegister geführt. Aus ihnen ist ersichtlich, wer wann in den Ort zu- oder von ihm fortgezogen ist. Auch die Wohnungswechsel innerhalb der Gemeinde sind natürlich vermerkt. Alle diese Unterlagen, die zum Teil sogar noch aus dem 19. Jahrhundert stammen, sind in Archiven untergebracht und können eingesehen werden. Auch hier müssen Sie bei einer Anfrage offen darlegen, warum Sie Einsicht haben wollen. Wenn Sie jedoch „private Familiengeschichtsforschung" als Grund angeben, wird man Ihnen im Normalfall ohne größere Diskussion Einsicht gewähren. Wichtig ist allerdings, dass den heute geltenden Datenschutzrichtlinien Genüge getan wird.

Melderegister können dann eine große Rolle spielen, wenn beispielsweise ein Vorfahre plötzlich in der betreffenden Stadt auftaucht, jedoch weder in den Standesämtern noch in den Aufzeichnungen der Kirchenbücher ein Hinweis auf seinen Herkunftsort zu finden ist.

Kraus

Kapitel 5

Informationen sammeln – private Quellen

Die wichtigsten Grundlagen für Sie als Familienforscher finden Sie natürlich in den Aufzeichnungen der Standesämter und Kirchenbücher. Nur mit deren Hilfe können Sie überhaupt ein System in Ihr Hobby bringen. So bekommen Sie Ihr notwendiges Basiswissen, und so können Sie sich Ihre persönliche Ahnenreihe aufbauen.

Doch damit sind Ihre Quellen beileibe noch nicht versiegt. Um richtiges Leben in Ihre Familienchronik zu bringen, sind mehr als nur schriftliche Zeugen der Vergangenheit nötig. Nun wird es wieder Zeit, in Ihrem persönlichen, direkten Umfeld zu kramen. Private Quellen sind angesagt, um tiefer in die Geheimnisse der Vorfahren einzudringen.

Familienalben

Fotografien können durchaus stumme Zeitzeugen sein. Sicherlich befindet sich bei Ihnen oder Ihren Eltern irgendwo ein Fotoalbum, in dem es sich zu stöbern lohnt. Fast interessanter als die Personen selbst, die abgebildet werden, ist das natürliche Umfeld, in dem sie stehen. Wir erinnern uns: Auf einem Foto, das vielleicht 100 Jahre alt ist, sehen wir Landschaften, die schon längst nicht mehr so aussehen. Manches können Sie daraus erkennen – etwa, wie die Infrastruktur damals war. Wo heute ein modernes Einkaufszentrum steht, waren früher Bauernhöfe, Äcker und Felder zu sehen. Ein öffentliches Gebäude wurde vielleicht abgerissen, um Wohnhäusern Platz zu machen; ein kleiner Fußgängersteg über einen Bach wurde zu einer Autobahnbrücke.

Sicherlich gibt es aus dem Besitz Ihrer Großeltern noch alte Fotoalben. Die Fotos darin können Sie gut für Ihr Archiv gebrauchen. Wichtig ist, die Bilder genau zu beschriften:
- Listen Sie Name(n) der abgebildeten Person(en) auf,
- den Grad der Verwandtschaft
- und, sofern bekannt, das Datum der Aufnahme.

Nicht alle Fotos aus der Vergangenheit sind „gestellte Aufnahmen" aus dem Fotoatelier. Auch damals gab es schon – wenn auch selten – einen Schnappschuss. Vielleicht ist eine spezielle Szene zu sehen. Beschreiben Sie sie kurz – und heften Sie all diese Erläuterungen an das Foto.

Sollten Sie eine Familienchronik für Ihre Kinder anlegen, verfahren Sie auch mit den Bildern aus der Gegenwart so. Suchen Sie sich aussagekräftige Fotos heraus und archivieren Sie diese. Aber denken Sie daran: Warten Sie nicht zu lange mit dem Beschriften der Fotos. Wir vergessen schnell. Wenn Tage, Wochen oder gar Monate ins Land ziehen, lässt die Erinnerung nach. Und nach längerer Zeit genaue Angaben zu machen, um wen oder was es sich bei einem bestimmten Bild handelt, ist oft schwer. Fotos (oder auch Zeichnungen, Ausschnitte aus Zeitungen und Zeitschriften), die Sie für eine Familienchronik archivieren, sollten Sie nicht fest einkleben. Am besten hebt man sie in Klarsichthüllen auf. So kann man sie herausnehmen und eventuell nach neuen Gesichtspunkten ordnen.

Gemälde

Familiengemälde waren früher ein Privileg des Adels und reicher Bürgerfamilien. Trifft dies auf einen Ihrer Ahnen zu, umso besser: Dann haben Sie vielleicht Glück und es existiert ein Bildnis eines Ihrer Vorfahren, der sich einst zusammen mit der Familie malen ließ. Ähnlich wie auf Fotografien kann man – beispielsweise anhand der Kleidung – Rückschlüsse auf die damalige Zeit ziehen: Sind die Familienmitglieder besonders herausgeputzt? Trägt der Hausherr militärische oder zivile Kleidung? Achten Sie auch darauf, wie der Hintergrund gestaltet wurde. Wurde ein Motiv im Freien gewählt oder in der Wohnung? Gemälde können Geschichten erzählen – Geschichten, mit denen Sie Ihre Familienchronik mit Sicherheit aufwerten.

Häuser

Außer Fotografien und Gemälden sind Gebäude wichtige Informationsquellen. Vielleicht hat Ihre Familie ja auch einen „Stammsitz". Das muss kein Schloss in einem Park sein. Selbst ein Einfamilienhaus in der Stadt oder ein kleiner Bauernhof auf dem Land kann die Familiengeschichte verdeutlichen. Versuchen Sie, mehr darüber zu erfahren. Befragen Sie Ihre Verwandten: Wie lange ist das Haus schon in Familienbesitz? Hat die Familie das Haus gebaut, oder ist es käuflich erworben worden? Versuchen Sie herauszufinden, wo Ihre Familie lebte, bevor sie in dieses Haus gezogen ist. Falls das Gebäude noch aus dem vorigen Jahrhundert stammt, ist es durchaus möglich, dass zudem noch alte Inschriften in den Mauern erhalten geblieben sind. Noch leichter ist es möglicherweise, über das Haus etwas herauszufinden, wenn es unter Denkmalschutz steht. In diesem Fall können Sie bei der Gemeindeverwaltung nachfragen, ob noch Dokumente aus früher Zeit existieren, die Informationen bezüglich des Gebäudes oder des Grundstücks bergen. In manchen

Städten finden Sie sogar Denkmalbücher, in denen die Bauge-
schichte dokumentiert ist.

Friedhöfe

Alte Grabsteine und deren Inschriften, Grabplatten und auch Ur-
nen sind Informationsquellen, die Sie nicht unterschätzen sollten.
Machen Sie einmal einen Spaziergang über den Friedhof Ihrer
Gemeinde. Auf vielen Grabsteinen werden Sie Inschriften finden,
die bei Ihren Nachforschungen gute Dienste leisten. Unter manch
einem Namen ist auch der Beruf des Verstorbenen eingemeißelt.
Auch die exakten Geburts- und Sterbedaten sind oft vermerkt.
Achten Sie besonders auf Familiengräber. Hier sind auch die Namen und Lebensdaten der Vorfahren auf dem Stein verewigt. Ob eine Familie arm oder reich war, können Sie unter anderem an der
Größe und der Gestaltung des Grabsteins erkennen. Auch die Größe
der Grabstätte verrät einiges: Begüterte ließen sich oft eine Fami-
liengrabstätte, ja sogar eine Gruft anlegen.

Selbstverständlich sollten Sie vor allem die Friedhöfe der Orte besuchen, in denen Ihre Großeltern oder Urgroßeltern lebten. Auch
wenn manches während des Krieges zerstört wurde – Friedhöfe
blieben sehr oft unangetastet und haben die Geheimnisse der Vergangenheit bewahrt.

Schmuckstücke

Lassen Sie sich von älteren Verwandten einmal den Schmuck zeigen, der in vielen Fällen bereits jahrzehntelang in Familienbesitz befindet. Auf zahlreichen Exemplaren – besonders auf Medaillons und auf der Innenseiten von Ringen – können Sie Gravuren entdecken, die auf ein besonderes Ereignis hinweisen, beispielsweise an den Hochzeitstag erinnern. Mit ein bisschen Glück kann man in aufklappbaren Anhängern sogar ein Bild eines Vorfahren „ausgraben".

Einrichtungsgegenstände

Wenn Sie Ihre Eltern oder Großeltern einmal wieder besuchen, so gehen Sie ganz bewusst und mit aufmerksamem Blick durch die Räume. Vieles erinnert an vergangene Zeiten. Nicht nur die schon erwähnten Schmuckstücke, auch alte Waffen, die an der Wand arrangiert wurden, Porzellan, das in Vitrinen aufbewahrt wird oder vielleicht sogar noch in Gebrauch ist, das gute Familiensilber und vor allem alte Möbel tragen zur Familiengeschichte bei: ein aufwändig geschnitzter Wohnzimmerschrank etwa, ein kleiner Nähtisch, der in der Ecke steht, ein Designerstuhl aus den 20er Jahren vielleicht oder Opas Ohrensessel, der wie vor Jahr und Tag an derselben Stelle steht und schon so viele Familiengeschichten „miterlebt" hat und die tollsten Stories erzählen könnte – wenn er könnte ...

Orden und Ehrenzeichen

Öffnen Sie bei Ihrem Gang durch die geschichtsträchtige Wohnung auch mal die eine oder andere Schublade. In so mancher warten Erinnerungen etwa an die Zeit des Krieges: militärische Orden, vielleicht auch das Mutterkreuz aus dem Dritten Reich, alte Geldscheine und Münzen aus der Zeit vor der Währungsreform – wahre Kunstwerke, die man oft genug auch eingerahmt an der Wand bewundern kann. Achten Sie sorgfältig darauf, dass diese wertvollen Erinnerungsstücke aufbewahrt werden. Auch um sie herum gibt es viele Geschichten, die Sie sich erzählen lassen sollten. Sie sind wichtige Informationsquellen, um die Familiengeschichte zu vervollständigen.

Gravuren

Nicht nur Schmuckstücke zeigen oft Gravuren zu einen besonderen Anlass. Früher war es üblich, auch Bestecke auf diese Weise zu erinnerungsträchtigen Einzelstücken zu machen. Einige tragen die kunstvoll ineinander verschlungenen Initialen ihres Besitzers, auf anderen wiederum prangt das Datum eines großen Ereignisses: Es gibt Tauflöffel, Hochzeitsbecher aus Zinn oder Silber, liebevoll angefertigte Serviettenringe aus Anlass eines wichtigen Familienereignisses. Ein paar erklärende Worte der Besitzer dazu – und schon haben Sie eine weitere Etappe auf Ihrer Reise durch die Zeit zurückgelegt.

Kapitel 6

Informationen sammeln – Hilfe von Experten

Archive, Vereine und Institutionen

Wer sich mit Familienforschung beschäftigt, wird sich früher oder später an ein Archiv, einen genealogischen Verein oder andere Institutionen wenden müssen, um weitere Informationen zu erhalten. Dort bekommt man professionelle Hilfe und Tipps zum weiteren Vorgehen. Auch das Internet ist mittlerweile eine fast unerschöpfliche und ständig erweiterte Fundgrube für Informationen. Bei vielen der nachstehenden Adressen finden Sie deshalb auch eine Internet- oder Emailadresse angegeben. Zum Thema Familienforschung per Computer finden Sie dagegen im zehnten Kapitel ausführliche Hinweise.

Anschriftenverzeichnisse

Der Adressenteil in diesem Kapitel ist wie folgt gegliedert:
- Adressen überregional, regional und speziell
- Bundesarchiv, evangelische Archive
  und Archive der katholischen Kirche
- Archive im Ausland: Österreich, Kanada,
  Amerika, Niederlande

Überregional

Deutsche Arbeitsgemeinschaft genealogischer Verbände e.V. (DAGV)
Schloßstraße 12
50321 Brühl
Naumburger Straße 11, 07743 Jena
(Dachverband, keine natürlichen Personen als Mitglieder, sondern
die in ihm organisierten Vereine)

Arbeitsgemeinschaft für Familiengeschichte im Kulturkreis
Siemens e.V.
Siemensdamm 50
13629 Berlin

Deutsche Zentralstelle für Genealogie (DZfG)
Sächsisches Staatsarchiv Leipzig
Schongauer Straße 1
04329 Leipzig

Gesellschaft für ostmitteleuropäische Landeskunde und Kultur e.V.
Zum Nordhang 5
58313 Herdecke

Gruppe Familien- und Wappenkunde
in der Stiftung Bahn-Sozialwerk (GFW/BSW)
Weißdornstraße 10
31228 Peine
Tannenstraße 15
71083 Herrenberg

HEROLD, Verein für Heraldik, Genealogie
und verwandte Wissenschaften
Archivstraße 11
14195 Berlin (Dahlem)

Zentralstelle der Heimatsortskarteien
Lessingstraße 1
80336 München

Zentralstelle für Personen- und Familiengeschichte
(Institut für Genealogie)
Birkenweg 13
61381 Friedrichsdorf

Verein für Computergenealogie e.V. zur Förderung EDV-gestützter
familienkundlicher Forschungen
c/o Arthur Teschler
Dorffeldstraße 18
48161 Münster
(http://www.genealogy.net/vereine/edv-verein)

Aktion Forscherkontakte
über Dieter Zwinger
Osannstraße 24
64285 Darmstadt
E-Mail: Dieter.Zwinger@t-online.de

Deutsche Arbeitsgemeinschaft genealogischer Verbände (DAGV)
Herdweg 79
64285 Darmstadt

Deutsche Burgenvereinigung e.V. zur Erhaltung der historischen
Wehr- und Wohnbauten
Marksburg
56338 Braubach/Rhein

Aktion Forscherkontakte
über Dieter Zwinger
Osannstraße 24
64285 Darmstadt

Regional

Landesverein Badische Heimat e.V.
Heilbronner Straße 3
75015 Bretten

D. Dr.-Otto-Beuttenmüller-Bibliothek der Stadt Bretten
Postfach 15 60
75005 Bretten

Deutsch-Baltische Genealogische Gesellschaft e.V.
Herdweg 79
64285 Darmstadt

Bayerischer Landesverein für Familienkunde e.V. (BLF)
Ludwigstraße 14/I
80539 München

Bergischer Verein für Familienkunde e.V. (BVfF)
Dr. Michael Knieriem
Engelsstraße 10
42283 Wuppertal

Die Maus, Gesellschaft für Familienforschung e.V. (Bremen)
Am Staatsarchiv 1 / Fedelhören (Staatsarchiv)
28203 Bremen

Roland zu Dortmund e.V.
Postfach 10 33 26
44033 Dortmund
Weitere Information: http://www.genealogy.net/vereine/rzd/

Arbeitskreis donauschwäbischer Familienforscher (AKdFF)
Goldmühlestraße 30
71065 Sindelfingen

Düsseldorfer Verein für Familienkunde e.V.
Krummenweger Straße 26
40885 Ratingen-Lintorf
Nähere Information zu DVFF:
(URL:http://members.aol.com/dvffgenea/)

Genealogischer Kreis in der Kameradschaft Siemens Erlangen e.V.
c/o Dipl.-Ing. Thomas Lonicer
Annette-Kolb-Straße 6
91056 Erlangen
E-Mail: Thomas.Lonicer@t-online.de

Gesellschaft für Familienforschung in Franken e.V.
Archivstraße 17 (Staatsarchiv)
90408 Nürnberg

Genealogisch-Heraldische Gesellschaft Göttingen e.V.
Postfach 20 62
37010 Göttingen

Arbeitskreis für Familienforschung im Hagener Heimatbund e.V.
Eilper Straße 71
58091 Hagen

Genealogische Gesellschaft, Sitz Hamburg, e.V.
Postfach 30 20 42
20307 Hamburg

Hessische familiengeschichtliche Vereinigung e.V. (HFV)
Karolinenplatz 3 (Staatsarchiv)
64289 Darmstadt

Familienkundlicher Verein Hildesheim
Nr. 66
31185 Söhlde

Mosaik: Familienkundliche Vereinigung für das Klever Land e.V.
Mosaik-Archiv
Lindenallee 54
47533 Kleve

Gesellschaft für Familienkunde in Kurhessen und Waldeck e.V.
Postfach 10 13 46
34013 Kassel
E-Mail: http://www.genealogy.net/gene/vereine/GFKW/gfkw.html

Leipziger Genealogische Gesellschaft e.V.
Marion Bähr
c/o Deutsche Zentralstelle für Genealogie
Sächsisches Staatsarchiv Leipzig
Schongauer Straße 1
04329 Leipzig

Arbeitskreis für Familienforschung Lübeck e.V.
Mühlentorplatz 2 (Mühlentorturm)
23552 Lübeck

Arbeitsgemeinschaft Genealogie Magdeburg
Thiemstraße 7
39104 Magdeburg

Verein für mecklenburgische Familien-
und Personengeschichte e.V. (MFP)
Geschäftsführerin: Frau A. Ziegler
Thuenen-Museum Tellow
17168 Tellow
Homepage: http://www.mfpev.de/

Arbeitsgemeinschaft für mitteldeutsche Familienforschung e.V.
(AMF)
(Die Forschungsinteressen liegen vorwiegend in Mitteldeutschland,
in den Bundesländern Mecklenburg-Vorpommern, Brandenburg,
Berlin, Sachsen-Anhalt, Thüringen und Sachsen. Die AMF und ihre
Arbeitskreise übernehmen keine Auftragsforschungen.)
Waldweg 5
04416 Markkleeberg
Homepage: www.genealogienetz.de/vereine/AMF/AMF.html

Familienkundliche Gesellschaft für Nassau und Frankfurt e.V.
(Hessisches Hauptstaatsarchiv)
Mosbacher Straße 55
65187 Wiesbaden

Niedersächsischer Landesverein für Familienkunde e.V.
Am Bokemahle 14 – 16 (Stadtarchiv)
39171 Hannover

Nordrhein-Westfälisches Personenstandsarchiv Rheinland
Schloßstraße 12
50321 Brühl

Gesellschaft für Familienforschung in der Oberpfalz e.V. (GFO)
Max Pöppl
Rachelstraße 12
93059 Regensburg

Oldenburgische Gesellschaft für Familienkunde
Lerigauweg 14
26131 Oldenburg

Arbeitskreis Familienforschung Osnabrück e.V.
Frank von Hagel, Schriftführer
Rehmstraße 1
49080 Osnabrück
E-mail: vhagel@os-net.de

Arbeitsgemeinschaft ostdeutscher Familienforscher e.V. (AGoFF)
Detlef Kühn
Zum Block 1a
01561 Medessen

Upstaalsboom-Gesellschaft für historische Personenforschung
und Bevölkerungsgeschichte in Ostfriesland e.V.
Vorsitzender: Erhard Schulte
Bachstraße 5
26789 Leer-Loga

Arbeitsgemeinschaft für Pfälzisch-Rheinische Familienkunde e.V.
Rottstraße 17
67061 Ludwigshafen

Verein für Familienforschung in
Ost- und Westpreussen e.V. (VFFOW)
Vorsitzender: Prof. Dr. Dr. Gerd von der Oelsnitz
St.-Jakob-Straße 3
82110 Germering

Arbeitsgemeinschaft für Saarländische Familienkunde e.V. (ASF)
Geschäftsstelle: Norbert Emanuel
Hebbelstraße 3
66346 Püttlingen

Salzburger Verein e.V.
Memeler Straße 35 (Wohnstift Salzburg)
33605 Bielefeld

Schleswig-Holsteinische Gesellschaft für
Familienforschung und Wappenkunde e.V.
Postfach 38 09
24037 Kiel

Arbeitskreis für Siebenbürgische Landeskunde e.V.
Abteilung Genealogie
Michael Fleischer
Holderbaumstraße 9
67549 Worms

Vereinigung Sudetendeutscher Familienforscher (VSFF)
Sudetendeutsches Genealogisches Archiv (SGA)
Vorsitzende: Lore Schretzenmayr
Erikaweg 58
93053 Regensburg

Arbeitsgemeinschaft Genealogie Thüringen e.V.
Martin-Andersen-Nexö-Straße 62
99096 Erfurt

Arbeitsgemeinschaft für Walldorfer Geschichte
Waldstraße 100
64546 Mörfelden-Walldorf

Westdeutsche Gesellschaft für Familienkunde e.V. (WGfF),
Sitz Köln
Unter Gottes Gnaden 34
50859 Köln

Westfälische Gesellschaft für Genealogie und Familienforschung
Postfach 61 25
48133 Münster

Verein für Familien- und Wappenkunde
in Württemberg und Baden e.V.
Postfach 10 54 41
70047 Stuttgart

Speziell

Ahnenlistenumlauf der DAGV
Dieter Zwinger
Osannstraße 24
64285 Darmstadt
E-Mail: Dieter.Zwinger@t-online.de

Akademie für Genealogie, Heraldik
und verwandte Wissenschaften e.V.
Gutenbergstraße 12 B
38118 Braunschweig

Bund der Familienverbände e.V. (BdF)
Kirchgasse 18
98693 Ilmenau

Deutscher Hugenotten-Verein e.V. (DHV)
Deutsches Hugenotten-Zentrum
Hafenplatz 9a
34385 Bad Karlshafen

Deutsches Adelsarchiv
Schwanallee 21
35037 Marburg

Friedrich-Wilhelm-Euler-Gesellschaft für personengeschichtliche
Forschung e.V.
(ehem. Institut zur Erforschung historischer Führungsschichten e.V.)
Ernst-Ludwig-Straße 21

Institut für personengeschichtliche Forschung
Schwanheimer Straße 133
64625 Bensheim

Genealogical Association of
English-Speaking Researchers in Europe
Greg Hagen
Achatweg 3
69181 Leimen-Gauangelloch

Heraldischer Verein zum Kleeblatt e.V.
Erhardt Haacke
Berliner Straße 14 E
30457 Hannover

Mennonitischer Geschichtsverein e.V.
Am Hollerbrunnen 7
67295 Bolanden

Sippenverband Wallmichrath e.V.
Rütger-von-Scheven-Straße 63a
52349 Düren

Verband der Familien Lampe e.V. (Lampe-Verband)
Davenstedter Straße 43
30449 Hannover

Bundesarchiv

Bundesarchiv Koblenz
Potsdamer Straße 1
56075 Koblenz
Postfach 3 20
56003 Koblenz

Archive der evangelischen Kirchen

Berlin:
Evangelisches Zentralarchiv in Berlin
Jebensstraße 3
10623 Berlin

Bielefeld:
Evangelische Kirche von Westfalen
Landeskirchliches Archiv
Altstädter Kirchplatz 5
33602 Bielefeld

Braunschweig:
Evangelisch-Lutherische Landeskirche in Braunschweig
Landeskirchliches Archiv
Alter Zeughof 1
38100 Brauschweig

Bremen:
Bremische Evangelische Kirche
Archiv der Kirchenkanzlei
Franziuseck 2/4
28199 Bremen

Bückeburg:
Evangelisch-Lutherische Landeskirche Schaumburg-Lippe
Herderstraße 27
31675 Bückeburg

Darmstadt:
Evangelische Kirche in Hessen und Nassau
Zentralarchiv der EKHN
Ahastraße 5a
64285 Darmstadt

Dessau:
Evangelische Kirche Anhalts, Archiv
Radegaster Straße 10
06842 Dessau

Detmold:
Archiv der Lippischen Landeskirche
Leopoldstraße 27
32756 Detmold

Dresden:
Evangelisch-Lutherische Landeskirche Sachsens
Landeskirchenamt
Lukasstraße 6
01069 Dresden

Düsseldorf:
Evangelische Kirche im Rheinland, Archiv
Hans-Böckler-Straße 7
40476 Düsseldorf

Eisenach:
Archiv des Landeskirchenrats der Evangelisch-Lutherischen
Kirche in Thüringen
Landeskirchenamt
Dr.-Moritz-Mitzenheim-Straße 2a
99817 Eisenach

Görlitz:
Konsistorium der Evangelischen Kirche
der schlesischen Oberlausitz
Schlaurother Straße 11
02827 Görlitz

Greifswald:
Landeskirchliches Archiv, Konsistorium
Bahnhofstraße 35/36
17489 Greifswald

Hamburg:
Kirchenarchiv Hamburg
Grindelallee 7
20146 Hamburg

Hannover:
Evangelisch-Lutherische Landeskirche Hannover
Landeskirchliches Archiv
Am Steinbruch 14
30449 Hannover

Vereinigte Evangelisch-Lutherische Kirche Deutschlands, Archiv
Richard-Wagner-Straße 26
30177 Hannover

Karlsruhe:
Evangelischer Oberkirchenrat, Landeskirchliches Archiv
Blumenstraße 1
76133 Karlsruhe

Kassel:
Evangelische Kirche von Kurhessen-Waldeck,
Archiv des Landeskirchenamtes
Heinrich-Wimmerstraße 4
34131 Kassel-Wilhelmshöhe

Evangelische Kirche von Kurhessen-Waldeck
Lessingstraße 15 A
34119 Kassel

Kiel:
Nordelbisches Kirchenamt der Nordelbischen Ev.-Luth. Kirche,
Archiv
Postfach 34 49
24033 Kiel
Besucheradresse:
Winterbeker Weg 51
24114 Kiel

Leer:
Evangelisch-reformierte Kirche in Nordwestdeutschland
Archiv des Landeskirchenrates
Saarstraße 6
26789 Leer

Leipzig:
Kirchliches Archiv
Fröbelstraße 10
04229 Leipzig

Lübeck:
Kirchenarchiv Lübeck
Bäckerstraße 3 – 5
23564 Lübeck

Magdeburg:
Evangelische Kirche der Kirchenprovinz Sachsen
Evangelisches Konsistorium
Am Dom 2
39104 Magdeburg

Nürnberg:
Landeskirchliches Archiv der Evangelischen Kirche Bayerns
Veilhofstraße 28
90489 Nürnberg

Oldenburg:
Archiv des Evangelisch-Lutherischen Oberkirchenrats
Philosophenweg 1
26121 Oldenburg

Regensburg:
Kirchenbucharchiv der Evangelischen Kirche Bayerns
Am Ölberg 2
93047 Regensburg

Scharbeutz:
Archive der Nordelbischen Evangelisch-Lutherischen Kirche
Kirchenarchiv Eutin
Am Kirchberg 4
23684 Scharbeutz

Schwerin:
Oberkirchernrat / Zentrale
Münzstraße 8
19055 Schwerin

Speyer:
Evangelische Kirche der Pfalz, Zentralarchiv
Domplatz 6
67346 Speyer

Stuttgart:
Evangelische Landeskirche in Württemberg
Landeskirchliches Archiv
Gänsheidestraße 4
70184 Stuttgart

Archive der katholischen Kirche

Aachen:
Bischöfliches Diözesanarchiv Aachen
Klosterplatz 7
52062 Aachen

Augsburg:
Archiv des Bistums Augsburg
Hafnerberg 2
86152 Augsburg

Bamberg:
Archiv des Erzbistums Bamberg
Domplatz 3
96049 Bamberg

Bautzen:
Domstiftsarchiv St. Petri in Bautzen (Bistum Dresden-Meissen)
An der Petrikirche 6
02625 Bautzen

Berlin (ehemaliger Westteil):
Bistumsarchiv Berlin
Götzstraße 65
12099 Berlin (Tempelhof)

Berlin (ehemaliger Ostteil):
Bistumsarchiv
Hinter der Katholischen Kirche 3
10117 Berlin

Eichstätt:
Diözesanarchiv Eichstätt
Luitpoldstraße 1
85072 Eichstätt

Erfurt:
Archiv des Bischöflichen Amtes Erfurt-Meiningen
Herrmannsplatz 9
99084 Erfurt

Dom-Archiv und -Bibliothek
Herrmansplatz 9
99084 Erfurt

Essen:
Bistumsarchiv Essen
Zwölfling 16
45127 Essen

Freiburg:
Erzbischöfliches Archiv Freiburg
Herrenstraße 35
79098 Freiburg im Breisgau

Fulda:
Bistumsarchiv Fulda
Paulustor 5
36037 Fulda
Postfach 1 47
36001 Fulda

Görlitz:
Ordinariat der Apostolischen Administratur Görlitz
Carl-von-Ossietzky-Straße 41
02826 Görlitz

Hildesheim:
Bistumsarchiv Hildesheim
Pfaffenstieg 2
31134 Hildesheim

Kirchenbucharchiv und Pfarrarchivpflege
Domhof 24
31134 Hildesheim

Köln:
Historisches Archiv des Erzbistums Köln
Gereonstraße 2 – 4
50670 Köln

Limburg:
Diözesanarchiv Limburg
Roßmarkt 4
65549 Limburg an der Lahn

Nebenstelle Kirchenbucharchiv Limburg
Roßmarkt 12
65549 Limburg an der Lahn

Magdeburg:
Zentralarchiv des Bischöflichen Amtes Magdeburg
Max-Josef-Metzgerstraße 1
39104 Magdeburg

Mainz:
Dom- und Diözesanarchiv Mainz
Heringsbrunnengasse 4
55116 Mainz
Postfach 15 60
55005 Mainz

München und Freising:
Archiv des Erzbistums München und Freising
Karmeliterstraße 1
80333 München

Münster:
Bistumsarchiv Münster
Georgskommende 19
48143 Münster

Osnabrück:
Bistumsarchiv Osnabrück
Große Domsfreiheit 10
49074 Osnabrück

Paderborn:
Erzbistumsarchiv Paderborn
Domplatz 3
33098 Paderborn

Passau:
Archiv des Bistums Passau
Luragogasse 4
94032 Passau

Regensburg:
Bischöfliches Zentralarchiv Regensburg
St.-Petersweg 11 – 13
93047 Regensburg
Postfach 11 02 28
93015 Regensburg

Rottenburg:
Diözesanarchiv Rottenburg
Eugen-Bolz-Platz 1
72108 Rottenburg
Postfach 9
72101 Rottenburg

Schwerin:
Bischöfliches Amt Schwerin, Archiv
Schloßstraße 20
19053 Schwerin

Speyer:
Archiv des Bistums Speyer
Kleine Pfaffengasse 16
67346 Speyer

Postanschrift:
Bischöfliches Ordinariat
Bistumsarchiv
67343 Speyer

Trier:
Bistumsarchiv und Kirchenbuchamt Trier
Jesuitenstraße 13b
54290 Trier

Würzburg:
Diözesan-Archiv Würzburg
Domerschulstraße 2
97070 Würzburg

Österreich

Burgenland:
Burgenländisches Landesarchiv und Stadtarchiv Eisenstadt
Freiheitsplatz 1
A-7001 Eisenstadt

Bistum Eisenstadt, Diözesanarchiv
St.-Rochusstraße 21
A-7001 Eisenstadt

Stadtarchiv Rust
Conradplatz 1
A-7071 Rust

Kärnten:
Kärntner Landesarchiv
Landhaus
A-9020 Klagenfurt

Stadtarchiv Villach
Widmanngasse 38
A-9500 Villach

Bistum Gurk, Archiv der Diözese
Mariannengasse 6
A-9020 Klagenfurt

Niederösterreich:
Niederösterreichisches Landesarchiv
I. Abt.: Regierungsarchiv, Archiv für Österreich
Herrengasse 11
A-1040 Wien
II. Abt.: Ständisches Archiv
Teinfalterstraße 8
A-1014 Wien

Stadtarchiv Krems a. d. Donau
Körnermarkt 13
A-3500 Krems a. d. Donau

Stiftsarchiv Krems a. d. Donau
A-3500 Krems a. d. Donau

Stadtarchiv St. Pölten
Rathaus
A-3100 St. Pölten

Diözesanarchiv
Domplatz 1
A-3100 St. Pölten

Stadtarchiv Waidhofen an der Thaya
Rathaus
A-3830 Waidhofen an der Thaya

Stadtarchiv Waidhofen an der Ybbs
Oberer Stadtplatz 32
A-3340 Waidhofen an der Ybbs

Stadtarchiv Wiener Neustadt
Wiener Straße 64
A-2700 Wiener Neustadt

Oberösterreich:
Oberösterreichisches Landesarchiv
Anzengruberstraße 19
A-4020 Linz

Stadtarchiv Linz
Hauptstraße 1 – 5
Postfach 10 00
A-4041 Linz

Bistum Linz, Ordinariatsarchiv
Harrachstraße 7
A-4020 Linz

Stadtarchiv Steyr
Stadtplatz 27
A-4400 Steyr

Stadtarchiv Wels
Rathaus
A-4601 Wels

Salzburg und Salzburger Land:
Landesarchiv
Michael-Pacher-Straße 40
A-5010 Salzburg

Stadtarchiv Hallein
Keltenmuseum
A-5400 Hallein

Archiv der Stadt Salzburg mit Archiv des Salzburger Museums
Carolino-Augusteum, Schloß
Museumsplatz 6
A-5010 Salzburg

Erzbistum Salzburg, Konsistorialarchiv
Kapitelplatz 2
A-5010 Salzburg

Erzabtei St. Peter, Archiv, St. Peter
Postfach 113
A-5010 Salzburg

Universität Salzburg, Universitätsarchiv
Residenzplatz 1
Postfach 505
A-5010 Salzburg

Steiermark:
Steiermärkisches Landesarchiv
Bürgergasse 2a
A-8010 Graz

Stadtarchiv Graz
Hans-Sachs-Gasse 1
A-8010 Graz

Bistum Graz-Seckau, Diözesanarchiv
Bischofsplatz 4
A-8010 Graz

Karl-Franzens-Universität, Universitätsarchiv
Universitätsplatz 2
A-8010 Graz

Stadtarchiv Leoben
Kirchgasse 6
A-8700 Leoben

Tirol:
Tiroler Landesarchiv
Herrengasse 1
A-6010 Innsbruck

Stadtarchiv Innsbruck
Badgasse 2
A-6020 Innsbruck

Bistum Innsbruck, Diözesanarchiv
Domplatz 6
Postfach 5 82
A-6021 Innsbruck

Provinzarchiv der Nordtiroler Kapuziner
Kaiserjägerstraße 6
A-6020 Innsbruck

Stift Wilten, Archiv
Klostergasse 7
A-6020 Innsbruck

Universität Innsbruck, Universitätsarchiv
Innrain 52
A-6020 Innsbruck

Vorarlberg:
Vorarlberger Landesarchiv
Kirchstraße 28
A-6901 Bregenz

Stadtarchiv Bludenz
Rathaus
Postfach 1 20
A-6700 Bludenz

Stadtarchiv Bregenz
Rathausstraße 4
A-6900 Bregenz

Stadtarchiv Dornbirn
Rathaus
A-6850 Dornbirn

Stadtarchiv Feldkirch
Palais Liechtenstein
A-6800 Feldkirch

Bistum Feldkirch, Archiv der Diözese
Bahnhofstraße 13
A-6800 Feldkirch

Wien:
Wiener Stadt- und Landesarchiv, (Magistratsabteilung 8)
Rathaus
A-1010 Wien

Erzbistum Wien, Diözesanarchiv
Wollzeile 2
A-1010 Wien

Universität Wien, Universitätsarchiv
Postgasse 9 (Alte Universität)
A-1010 Wien

Kanada

National Archives of Canada
395 Wellington Street
Ottawa, ON K1A 0N3

Provincial Archives of Alberta
12845 - 102 Avenue, Edmonton, Alberta T5J 3L2

Provincial Archives of British Columbia
Parliament Buildings, Victoria, B.C. V8V 1X4

Provincial Archives of Menitoba
200 Vaughn Street, Winnipeg, Manitoba R3C 0P8

Provincial Archives of New Brunswick
P. O. Box 6000 Fredericton, N.B. E3B 5H1

Provincial Archives of Newfoundland and Labrador
Colonial Building, Military Road, St. John's, Newfoundland
A1C 5E2

Archives of the Northwest Territories
Palace of Wales Northern Heritage Centre
Yellowknife, N.T. X0E 1H0

Public Archives of Nova Scotia
6016 University Avenue, Halifax, N.S. B3H 1W4

Archives of Ontario
77 Grenville St. at Bay, Toronto, ON M7A 2R9

Public Archives of Prince Edward Island
Box 1000 Charlottetown P.E.I. C1N 7M4

Archives Nationales du Quebec
Box 10450 Ste-Foy, Quebec G1V 4N1

Saskatchewan Archives Board
Library Building, University of Regina, Regina, Sask. S4S 0A2

Yukon Archives and Record Services
2701 Second Avenue, Whitehorse, Y.T., Y1A 2C6

Niederlande

Werkgroep Genealogisch Onderzoek Duitsland (WGOD)
P. C.Hooftlaan 9
NL-3818 HG Amersfoort
Niederlande
Sekretariat: Herr Dr. J. E. de Langen
Beverweerdseweg 10,
NL-3985 RD Werkhoven

USA

Immigrant Genealogical Society
Burbank, California, USA

Kapitel 7

Sammeln und Sichten

Nun haben Sie schon einen großen Weg zurückgelegt, um Ihre Familienchronik zu vervollständigen. Sie haben sich als „Familien-Spürhund" betätigt, alle Quellen nach bestem Wissen und Gewissen ausgeschöpft, Informationen gesucht und gefunden. Sie haben sich im Laufe der Zeit eine Datenbank zugelegt, die von Fakten nur so gespickt ist: über die Herkunft Ihrer Familie, über einzelne Familienmitglieder, Sie haben sich ein Bild von der Zeit gemacht, in der frühere Generationen Ihrer Familie lebten.

Welches Material liegt vor und wie ordne ich es?

Sie haben für jede einzelne Person ein Personenstammblatt angelegt. Dieses liegt entweder als DIN A4-Blatt, als Karteikarte oder als Datei in Ihrem Computer vor. Aber damit nicht genug: Sie haben auch alte Urkunden zusammengetragen, sich aus Standesämtern und Pfarrämtern für Sie relevante Fotokopien besorgt. Alte Fotografien aus Alben der Eltern oder Großeltern, Zeichnungen und Bilder machen Ihr Archiv komplett.

Sie können es sich ja denken: Mit dem bloßen Zusammentragen des Materials ist es nicht getan. Was jetzt ansteht, ist mal wieder Ordnung schaffen und das Ganze in Form bringen. Obwohl Sie wissen, dass Ihr Hobby nie ein Ende haben wird und Sie immer wieder vor der Frage stehen, weitermachen oder abbrechen, oder vielleicht eine so genannte Stammreihe zeichnen oder eine Ahnenliste erstellen. Sollte Sie Ihr Weg fünf bis sechs Generationen zurückgeführt haben, können Sie das jetzt in Angriff nehmen.

Um Ordnung in Ihren Berg von Unterlagen zu bekommen, können Sie nach verschiedenen Systemen vorgehen. Es bleibt Ihrem Geschmack überlassen, wie Sie Ihre Vorfahren interessierten Besuchern präsentieren. Es sollte nur möglichst anschaulich und auch für Laien verständlich geschehen. Das geht beispielsweise auch in Form eines gezeichneten Stammbaums.

Genealogische Zeichen

Egal, für welche Darstellungsform Sie sich entscheiden: Es gibt bestimmte genealogische Zeichen, die den Familienstand und andere bestimmte Eigenschaften symbolisieren. Und genau diese Zeichen sollten Sie kennenlernen. Sie helfen Ihnen bei der grafischen Darstellung Ihrer Stammlinie oder Ahnenreihe. Wenn Sie sich ein wenig mit Ahnenforschung beschäftigt haben, wird Ihnen manches Zeichen sowieso bekannt vorkommen. Hier sind also die genealogischen Zeichen, die heute üblich sind und von jedem Familienforscher verwendet werden:

*	geboren
(*)	außerehelich geboren
*†	am Tag der Geburt gestorben
†*	Totgeburt
†	gestorben
⚔	gefallen
† ⚔	an Wunden gestorben
≈	getauft
††	Linie ausgestorben

○	verlobt
○-○	außereheliche Verbindung
⚭ I.	verheiratet, erste (usw.) Verehelichung
○|○	geschieden
▭	begraben
0	eingeäschert
♂	männlich
♀	weiblich

Bei der Durchsicht alter Urkunden könnten Ihnen noch genealogische Zeichen aufgefallen sein, die heute nicht mehr üblich sind. So sehen sie aus:

‡	getauft
×	verheiratet
⚰	begraben
ᛉ	geboren
ᛦ	gestorben

Wer seine Personenstammblätter mit der Schreibmaschine ausfüllt oder im Computer führt, sollte sich von vornherein gleich die „richtigen" Zeichen angewöhnen. Sie sehen so aus:

Auf der Schreibmaschine

x	geboren
xx	getauft
+	gestorben
++	begraben
oo	verheiratet
o/o	geschieden
o-o	uneheliche Verbindung

Alle weiteren Angaben werden geschrieben, also z. B. gef. für „gefallen".

Für den Computer gilt:

*	geboren
(*)	außereheliche Geburt
~	getauft
o	verlobt
oo	verheiratet
I oo	erste Heirat
II oo	zweite Heirat usw.
+	gestorben
+*	Totgeburt
o/o	geschieden
X	gefallen/gestorben in einer Schlacht
+X	durch Kriegswunden gestorben
()	begraben
++	Linie ausgestorben
o-o	uneheliche Verbindung

Abkürzungen

Wer in alten Urkunden forscht, wird früher oder später auch auf Abkürzungen stoßen; manchmal weisen diese – gerade in Kirchen-büchern – auf lateinische Ausdrücke hin:

- **p.m.s.l.** per matrimonium subsequens legitimatus
  (durch nachfolgende Ehe der Eltern legitimiertes Kind)
- **s.p.l.** sine prole legitime
  (ohne legitime Nachkommenschaft)
- **s.p.m.** sine prole mascula
  (ohne männliche Nachkommenschaft)
- **s.p.s.** sine prole supertite
  (ohne lebende Nachkommenschaft)
- **AL** Ahnenliste
- **AT** Ahnentafel
- **ehel.** ehelich

- **ev.** evangelisch
- **kath.** katholisch
- **KB** Kirchenbuch
- **N.N.** nomen nescio (Name unbekannt)
- **PD** Perillustris Dominus (hoher sozialer Status)
- **StA** Staatsarchiv, Standesamt
- **StB** Stammbaum
- **StT** Stamm(baum)tafel
- **TP** Taufpate, Taufpatin
- **Trz.** Trauzeuge
- **TU** Todesursache
- **unehel.** unehelich
- **v.m.** verheiratet mit
- **Wwe.** Witwe
- **Wwr.** Witwer
- **?** unbekannt, zweifelhaft

Die Stammlinie

Falls Sie sich für die Form einer Stammlinie entschieden haben, müssen Sie folgendermaßen vorgehen:

- Eine Stammlinie (auch Stammreihe genannt) erhalten Sie, wenn Sie alle zum Vaterstamm gehörenden Vorfahren eines Probanden aufführen.
- Der Proband ist derjenige, der das letzte Glied der Kette ist. Er trägt die Personenkennziffer 1. Das können entweder Sie selbst sein oder eines Ihrer Kinder.
- Die Liste der Vorfahren beginnt mit dem Vater, es folgt der Großvater, dann dessen Vater und so weiter ...

In der Regel werden Sie in einer Stammlinie ausschließlich Ihren Familiennamen finden – es sei denn, jemand innerhalb dieser Reihe wurde unehelich geboren. Wir wollen dies einmal am Beispiel einer (verkürzten) Stammlinie eines ehemaligen Bundespräsidenten zeigen. Richard von Weizsäcker hat bis in die 6. Generation zurückgehend folgende Stammreihe:

Kennziffer	Name und Bemerkungen
1	von WEIZSÄCKER, Richard Karl, * 5.4.1920 in Stuttgart; Jurist oo 10.10.1953 in Essen mit Marianne, geb. von KRETSCHMANN
2	von WEIZSÄCKER, Ernst Heinrich, * 25.8.1882; Kaiserl. Korvettenkapitän, Staatssekretär oo 1911 mit Marianne, geb. von GRAEVENITZ; † 4.8.1951
4	von WEIZSÄCKER, Karl Hugo, * 25.2.1853; Jurist, württem. Ministerpräsident oo 1879 mit Viktorie, geborene von MEIBOHM; geadelt 5.10.1916; † 2.2.1926
8	WEIZSÄCKER, Carl Heinrich, * 1822; Theologe, Universitätskanzler oo 1848 mit Sophie, geborene DAHM; † 1899
16	WEIZSÄCKER; Christian Ludwig, * 1785, Stiftsprediger oo 1816 mit Sophie, geborene RÖSZLE; † 1831
32	WEIZSÄCKER, Gottlieb Jacob, * 1736; Fürstlicher Mundkoch oo 1) 1769 Elisabetha, geborene SCHEUERMANN; oo 2) 1783 Dorothea, geborene GREISZ

Wie Sie sehen, können Sie auf einen Blick die männlichen Vorfahren ablesen. Sie erinnern sich: Alle geraden Kennziffern sind den männlichen Ahnen zugeordnet. Wenn Sie nun den Stammbaum dieser Familie weiter ausbauen würden, können Sie erkennen, dass die Daten mit zunehmender Verzweigung immer spärlicher werden. Das ist verständlich: Je weiter Sie in den Generationen zurück-gehen, um so lückenhafter werden die Informationen. Irgendwann ist nur noch das Geburts- oder Sterbejahr bekannt, und in vielen Fällen endet eine solche Stammreihe mit dem Vermerk „verstorben nach 1816" oder ähnlich.

Aber selbst nackte, abstrakt erscheinende Zahlen können interessante Rückschlüsse zulassen. Etwa, wenn ein Baby kurz nach der Hochzeit seiner Eltern geboren wurde. Da liegt die Vermutung nahe, dass die beiden wohl heiraten „mussten". Es ist auch möglich, dass Sie beim Verfolgen Ihrer Ahnenreihe feststellen, dass einer Ihrer Vorfahren aus dem Ausland stammt. Zum Beispiel kommt es bei Familien aus dem Ruhrgebiet oft vor, dass mancher Ahne aus Polen kam. Schon der Familienname kann darauf hindeuten. Und die Geschichte bestätigt dies: Es ist etwa 120 Jahre her, da siedelten sich Bergarbeiter aus Polen im Ruhrgebiet an und fanden dort eine neue Heimat.

Besonders in den letzten beiden Generationen ist die politische Entwicklung in Europa von entscheidender Bedeutung gewesen. Man denke nur an die Flucht aus den deutschen Ostgebieten, an den Neubeginn in der BRD bzw. DDR. Und dann der steinige Weg zur Wiedervereinigung, der 40 Jahre gedauert hat. Unsere Nachkommen wird es brennend interessieren, wie die Ahnenforschung dieses bunte Bild des Lebens nachzeichnet.

Anhand eines anderen Beispiels wollen wir Ihnen die Geschichte einer Familie verdeutlichen:

Kennziffer	Name und Bemerkungen
1	PREISS, Bastian; * 30.6.1987 in Landshut/Bayern
2	PREISS, Peter; * 22.1.1961 in München; Kraftfahrer oo 6.9.1986 in München mit Frieda, geborene METZ

4	PREISS, Friedrich, * 4.5.1939 in Augsburg; Versicherungskaufmann oo 8.8.1958 in Diessen mit Gerda, geborene ZIEGL
8	PREISS, Anton, * 7.8.1901 in Diessen; Major oo 3.4.1938 in Augsburg mit Olga, geborene KOHR † 10.10.1989
16	PREISS, Wilhelm; * 22.9.1856 in Diessen; Agronom oo 1878 mit Dorothea, geborene HERZL † 6.8.1916
32	PREISS Adolph; * 14.5.1799 in Utting; Bauer oo 1820 mit Creszentia, geborene KREITER † 17.3.1856
64	PREISS, Johannes; * 1767; Knecht oo 1785 mit Sophie, geborene MITTLEITNER † 1802

Nun, was können wir aus dieser Stammlinie alles ersehen?
Die (fiktive) Familie Preiss stammt aus dem oberbayrisch-schwäbischen Raum, ursprünglich vom Ammersee. Die Vorfahren waren Bauern. Einer der Ahnen erlebte die Geburt seines Kindes nicht mehr. Und schon wird der Forschergeist wach: Wie ist er gestorben? Hatte er einen Unfall? Wurde er gar getötet? Oder war es eine unheilbare Krankheit? Eine der Vorfahrin könnte Jüdin gewesen sein. Der Name Herzl deutet darauf hin.

Zu dieser Zeit mussten für die jüdische Bevölkerung auf staatliche Anordnung besondere Kirchenbücher angelegt werden. Besonders die Gebiete, in denen erst 1876 Standesämter eingeführt wurden, waren davon betroffen. In Bayern führten seit 1812 die Pfarrämter in ihren Kirchenbüchern spezielle Listen, in denen die ortsansässigen Juden gesondert aufgeführt wurden. Während der Naziherrschaft wurden allerdings viele jüdische Personenstandsregister vernichtet. Alles, was nach dem Krieg noch vorhanden war, wurde an den Staat Israel übergeben.

Eine zusätzliche Liste wurde schon vor dem 19. Jahrhundert in den jüdischen Gemeinden geführt: Es handelt sich hierbei um Beschneidungs-, Heirats- und Beerdigungsverzeichnisse. Für den Genealogen – ob er nun privat oder wissenschaftlich arbeitet – sind diese Verzeichnisse jedoch nicht von größerem Interesse. Denn: Sie wurden in hebräischer Sprache verfasst und niedergeschrieben. Dazu kommt, dass jüdische Familiennamen erst um 1800 ihre feste Form bekamen. Vor dieser Zeit wechselten sie oft. Nur wenige alte Verzeichnisse sind bis heute erhalten. Man kann sie heute ausschließlich im jüdischen Zentralarchiv in Jerusalem einsehen.

Sie sehen also, wie aus „trockenen" Zahlen lebendige Geschichte werden kann. Es genügt eben nicht, nur die Personen gesondert zu sehen. Auch die Lebensumstände, die Gegend, in der die Vorfahren lebten, sollten Sie genauer erforschen, um ein vollständiges Bild zu erhalten.

Die Ahnenliste

Neben der Stammreihe gibt es auch noch die Möglichkeit, eine so genannte Ahnenliste zu erstellen. Hier wird die gesamte Familie ausführlich – auch mit den weiblichen Vorfahren – dargestellt. Um eine Ahnenliste aufzustellen, ist es notwendig, dass Sie sämtliche Personen mitsamt ihren Kennziffern auflisten. Jetzt erkennen Sie: Die Ahnenliste bietet weitaus mehr Informationen und somit auch mehr Aussagekraft als eine einfache Stammreihe. Die Nummerierung der Ahnenliste erfolgt mit römischen Ziffern.

Eine solche Liste könnte folgendermaßen aussehen:

AHNENLISTE BASTIAN PREISS
Proband
 1   PREISS, Bastian; * 30.6.1987 in Landshut/Bayern

I. Ahnenreihe:
 2   PREISS, Peter; * 22.1.1961 in München; Kraftfahrer
       oo 6.9.1986 in München mit
 3   METZ, Frieda; * 26.6.1962 in Mühldorf; Sekretärin

II. Ahnenreihe:
 4   PREISS, Friedrich; * 4.5.1939 in Augsburg;
       Versicherungskaufmann
       oo am 8.8.1958 in Diessen mit
 5   ZIEGLER; Gerda; * 30.10.1941 in Diessen;
       Verkäuferin; † 31.12.1967
 6   METZ, Eberhard; * 17.7.1938 in Utting;
       Gemeindesekretär
       oo am 28.8.1961 in Utting mit
 7   BÄCKER, Annegret; * 6.6.1942 in Riederau;
       Verwaltungsangestellte

III. Ahnenreihe:
 8   PREISS, Anton; * 7.8.1901 in Diessen;
       Major; † 10.10.1989
       oo am 3.4.1938 in Augsburg mit
 9   KOHR, Olga; * 3.9.1905 in Fischen; Magd
10   ZIEGLER, Joseph; * 12.12.1910 in Peissenberg;
       Gerichtsvollzieher
       oo am 8.10.1941 in Diessen mit
11   KOLBER, Maria; * 10.11.1918 in Wielenbach;
       Schreibkraft
12   METZ, Erhardt; * 3.5.1902 in Wielenbach;
       Bürgermeister; † 6.6.1942
       oo am 13.4.1940 in Diessen mit

13   KINDLER, Maria; * 11.11.1904 in Andechs; Bäuerin

14   BÄCKER, Joseph; * 25.7.1920 in Weilheim;
        Gemeinderat
        oo am 18.8.1940 in Diessen mit

15   MAYR, Senta; * 23.12.1925 in Mühlfeld; Magd;
        † 15.5.1943 in München

IV. Ahnenreihe:

16   PREISS, Wilhelm; * 22.9.1856 in Diessen; Agronom;
        † 6.8.1916
        oo 1878 in Augsburg mit

17   HERZL, Dorothea; * 22.9.1858 in Augsburg;
        † 23.8.1928

18   KOHR, Herbert; * 21.10.1865 in Weilheim;
        Gutsbesitzer; † 8.9.1916 bei Verdun
        oo am 4.8.1903 in Utting mit

19   ZIMMERER, Johanna; * 2.4.1885 in Utting;
        Gutsbesitzersgattin; † 4.9.1905

20   ZIEGLER, Albert; * 16.9.1880 in Peissenberg;
        Jurist; † 3.8.1956
        oo 25.5.1909 in Breitbrunn mit

21   FELDER, Annamaria; * 4.12.1887 in Breitbrunn;
        † 14.9.1978

22   KOLBER, Vinzenz; * 5.9.1891 in Herrsching;
        Bauer; † 23.4.1990
        oo am 26.4.1916 in Herrsching mit

23   ZENTERER, Irene; * 15.2.1894 in Utting; Magd;
        † 1.9.1954

24   METZ, Richard; * 1.2.1854 in Wielenbach;
        Bürgermeister; † 3.8.1935 in Wielenbach
        oo am 23.9.1898 mit

25   MUCKER, Irmingard; * 4.11.1856 in Töllern;
        Bäuerin; † 25.2.1912

26   KINDLER, Markus; * 12.6.1856 in Andechs;
        Gastwirt; † 19.3.1923
        oo am 21.11.1902 mit
27   NIEDERER, Margarete; * 22.4.1868 in Andechs;
        Gastwirtstochter; † 12.4.1948
28   BÄCKER, Michael; nichts bekannt
29   nichts bekannt
30   MAYR, Joseph; * um 1873; Knecht; † 30.4.1926
31   nichts bekannt

V. Ahnenreihe
32   PREISS, Adolph; * 14.5.1799 in Utting, Bauer;
        † 17.3.1856; oo um 1820 mit
33   KREITNER, Creszentia; * unbekannt; † 27.8.1878

Natürlich könnte man diese Ahnenreihen beliebig fortsetzen. Aber
an unserem Beispiel können Sie schon erkennen: Jede Generation,
die Sie in der Zeit zurückverfolgen, umfasst die doppelte Perso-
nenanzahl wie die vorhergehende. Und auch hier gilt: Je weiter Sie
auf Ihrer Zeitreise zurückgehen, um so dürftiger werden die Informationen. Und irgendwann werden Sie auf Personen stoßen, zu
denen es überhaupt keine Daten mehr gibt. Wenn Ihre Liste auch
Lücken aufweist – Ihre Ahnentafel oder einen Stammbaum können Sie trotzdem schon aufzeichnen. Wenn Sie Platz für die feh-
lenden Fakten lassen, können Sie diese später, wenn Ihre weiteren
Recherchen Früchte tragen, immer noch eintragen.

Aus den nackten Daten unserer Beispielfamilie lässt sich jetzt nach
und nach eine Geschichte formen: Hier spielen sich alle Ereignisse
rund um den Ammersee ab. Früher war das so: Die Menschen waren bodenständiger, sie waren mit ihrer Heimat stärker verwurzelt
als heute. Sie lebten ihr Leben ausschließlich in ihrem Dorf, ohne
sich weiter um andere Ortschaften zu kümmern. Heute ist das anders: Wir sind mobiler. Unser Beruf verschlägt uns weg von der

Heimat in die Fremde, wir reisen in andere Länder, um Fremdes kennenzulernen. Wenn Sie als Hobby-Genealoge arbeiten, könnte es Sie auf Ihren Recherchen quer durch Deutschland, ja sogar Europa bringen: Viele Familien wurden durch die beiden Weltkriege zerrissen. Manch einer floh vor Hitler und seiner Schreckensherrschaft ins Exil. Oder er wurde verschleppt.

Was können Sie nun speziell bei unserer Beispielfamilie erkennen?

- Unter den Vorfahren waren viele Bauern. Auch Wilhelm Preiss (Kennziffer 16) war eigentlich einer. Es ist allerdings zu vermuten, dass sein Hof etwas größer war als die anderen in diesem Gebiet. Die vornehme Bezeichnung „Agronom" verrät uns, dass er höchstwahrscheinlich Landwirtschaft studiert hat.
- In einem Zweig der Familie kamen sehr viele Gemeindeangestellte vor. Sogar zwei Bürgermeister tauchen auf. Dies ist allerdings nicht weiter ungewöhnlich, da zu dieser Zeit oft der Sohn dem Vater in diesem Amt folgte.
- Der Ahne mit der Kennziffer 18 ist im Ersten Weltkrieg bei Verdun gefallen.
- Seine Frau mit der Kennziffer 19 starb einen Tag nach der Geburt ihrer Tochter noch im Kindbett. Die Vermutung liegt nahe, dass das Kind als Waise den elterlichen Gutshof nicht bewirtschaften konnte. Das wird wohl der Grund gewesen sein, warum sie sich als Magd durch Leben schlagen musste.

Wieder haben wir den Beweis: Familienforschung kann ganz schön spannend sein. Für Sie persönlich ist es ja noch spannender, wenn Sie in der Geschichte Ihrer eigenen Familie herumstöbern. Sie werden bestimmt auf die eine oder andere – vielleicht unangenehme – Überraschung stoßen: Denn sicherlich werden Sie nicht nur Menschen mit weißer Weste begegnen. So manch einer Ihrer Vorfahren wird es vielleicht mit dem Gesetz nicht so genau genommen haben. Aber trösten Sie sich: Auch adelige Familien haben ihre schwarzen Schafe ...

Die Ahnentafel

Eine Ahnenliste bleibt nur dann übersichtlich, so lange Sie nicht mehr als vier oder fünf Generationen zurückgehen. Ab diesem Punkt tauchen zu viele Ziffern auf, und man steigt kaum mehr durch, wer zu wem gehört. Da ist die grafische Lösung besser, um den Überblick zu behalten. Bei einer Ahnentafel ist alles schon von vornherein nach Ahnenreihen geordnet. An einem Beispiel wollen wir Ihnen dies veranschaulichen.

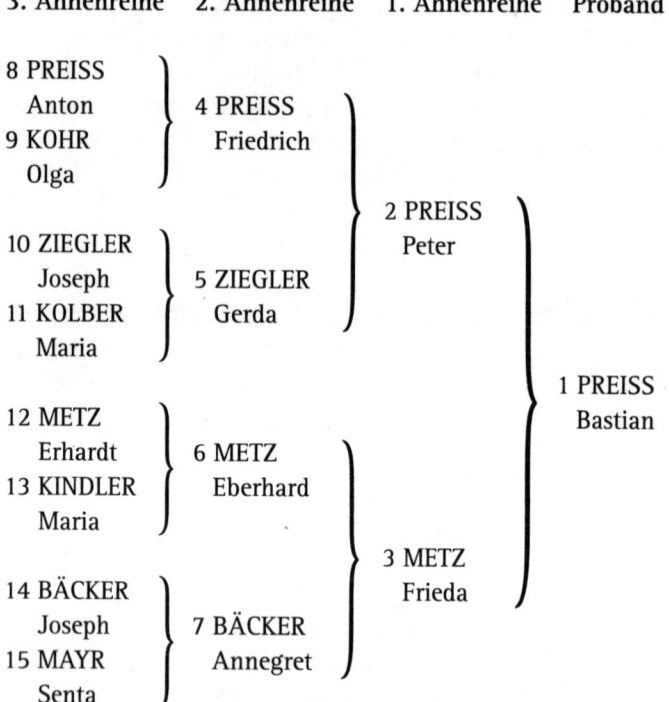

3. Ahnenreihe   2. Ahnenreihe   1. Ahnenreihe   Proband

8 PREISS
Anton

9 KOHR
Olga

4 PREISS
Friedrich

10 ZIEGLER
Joseph

11 KOLBER
Maria

5 ZIEGLER
Gerda

2 PREISS
Peter

12 METZ
Erhardt

13 KINDLER
Maria

6 METZ
Eberhard

14 BÄCKER
Joseph

15 MAYR
Senta

7 BÄCKER
Annegret

3 METZ
Frieda

1 PREISS
Bastian

Eine Ahnentafel können Sie senkrecht, also wie in obigem Beispiel gezeigt, anordnen oder auch waagerecht:

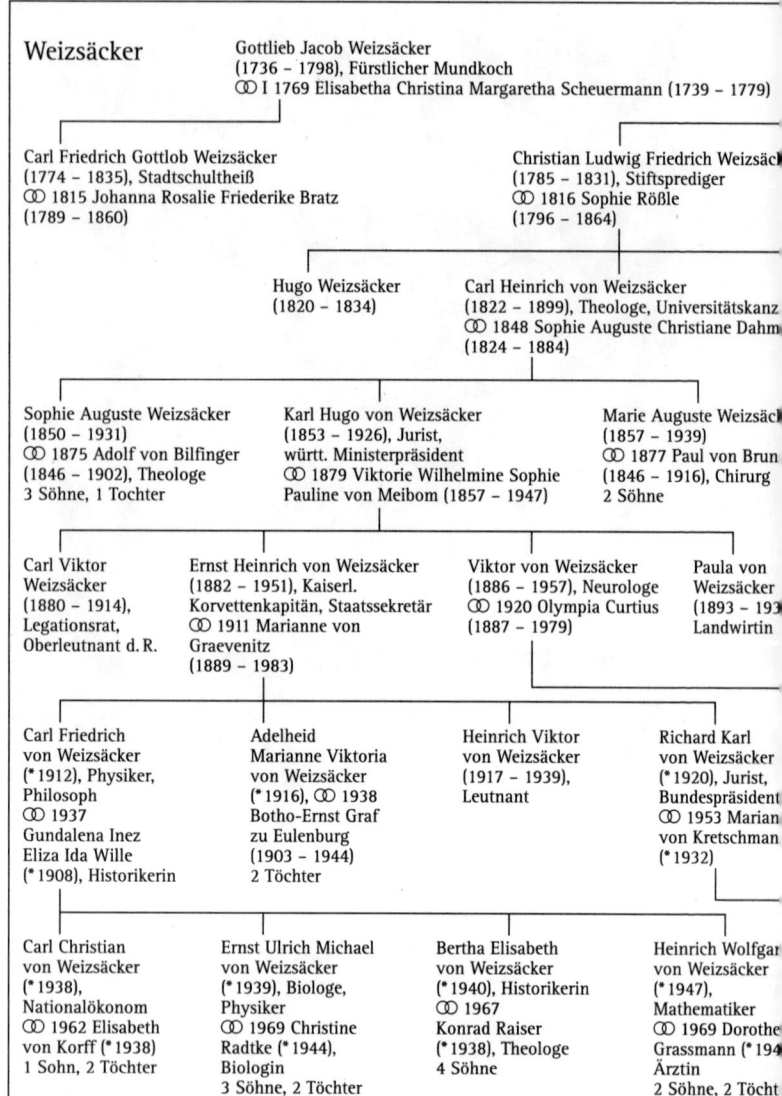

Weizsäcker

Gottlieb Jacob Weizsäcker
(1736 – 1798), Fürstlicher Mundkoch
∞ I 1769 Elisabetha Christina Margaretha Scheuermann (1739 – 1779)

Carl Friedrich Gottlob Weizsäcker
(1774 – 1835), Stadtschultheiß
∞ 1815 Johanna Rosalie Friederike Bratz
(1789 – 1860)

Christian Ludwig Friedrich Weizsäcker
(1785 – 1831), Stiftsprediger
∞ 1816 Sophie Rößle
(1796 – 1864)

Hugo Weizsäcker
(1820 – 1834)

Carl Heinrich von Weizsäcker
(1822 – 1899), Theologe, Universitätskanz
∞ 1848 Sophie Auguste Christiane Dahm
(1824 – 1884)

Sophie Auguste Weizsäcker
(1850 – 1931)
∞ 1875 Adolf von Bilfinger
(1846 – 1902), Theologe
3 Söhne, 1 Tochter

Karl Hugo von Weizsäcker
(1853 – 1926), Jurist,
württ. Ministerpräsident
∞ 1879 Viktorie Wilhelmine Sophie
Pauline von Meibom (1857 – 1947)

Marie Auguste Weizsäc
(1857 – 1939)
∞ 1877 Paul von Brun
(1846 – 1916), Chirurg
2 Söhne

Carl Viktor
Weizsäcker
(1880 – 1914),
Legationsrat,
Oberleutnant d. R.

Ernst Heinrich von Weizsäcker
(1882 – 1951), Kaiserl.
Korvettenkapitän, Staatssekretär
∞ 1911 Marianne von
Graevenitz
(1889 – 1983)

Viktor von Weizsäcker
(1886 – 1957), Neurologe
∞ 1920 Olympia Curtius
(1887 – 1979)

Paula von
Weizsäcker
(1893 – 193
Landwirtin

Carl Friedrich
von Weizsäcker
(*1912), Physiker,
Philosoph
∞ 1937
Gundalena Inez
Eliza Ida Wille
(*1908), Historikerin

Adelheid
Marianne Viktoria
von Weizsäcker
(*1916), ∞ 1938
Botho-Ernst Graf
zu Eulenburg
(1903 – 1944)
2 Töchter

Heinrich Viktor
von Weizsäcker
(1917 – 1939),
Leutnant

Richard Karl
von Weizsäcker
(*1920), Jurist,
Bundespräsident
∞ 1953 Marian
von Kretschman
(*1932)

Carl Christian
von Weizsäcker
(*1938),
Nationalökonom
∞ 1962 Elisabeth
von Korff (*1938)
1 Sohn, 2 Töchter

Ernst Ulrich Michael
von Weizsäcker
(*1939), Biologe,
Physiker
∞ 1969 Christine
Radtke (*1944),
Biologin
3 Söhne, 2 Töchter

Bertha Elisabeth
von Weizsäcker
(*1940), Historikerin
∞ 1967
Konrad Raiser
(*1938), Theologe
4 Söhne

Heinrich Wolfgar
von Weizsäcker
(*1947),
Mathematiker
∞ 1969 Dorothe
Grassmann (*194
Ärztin
2 Söhne, 2 Töcht

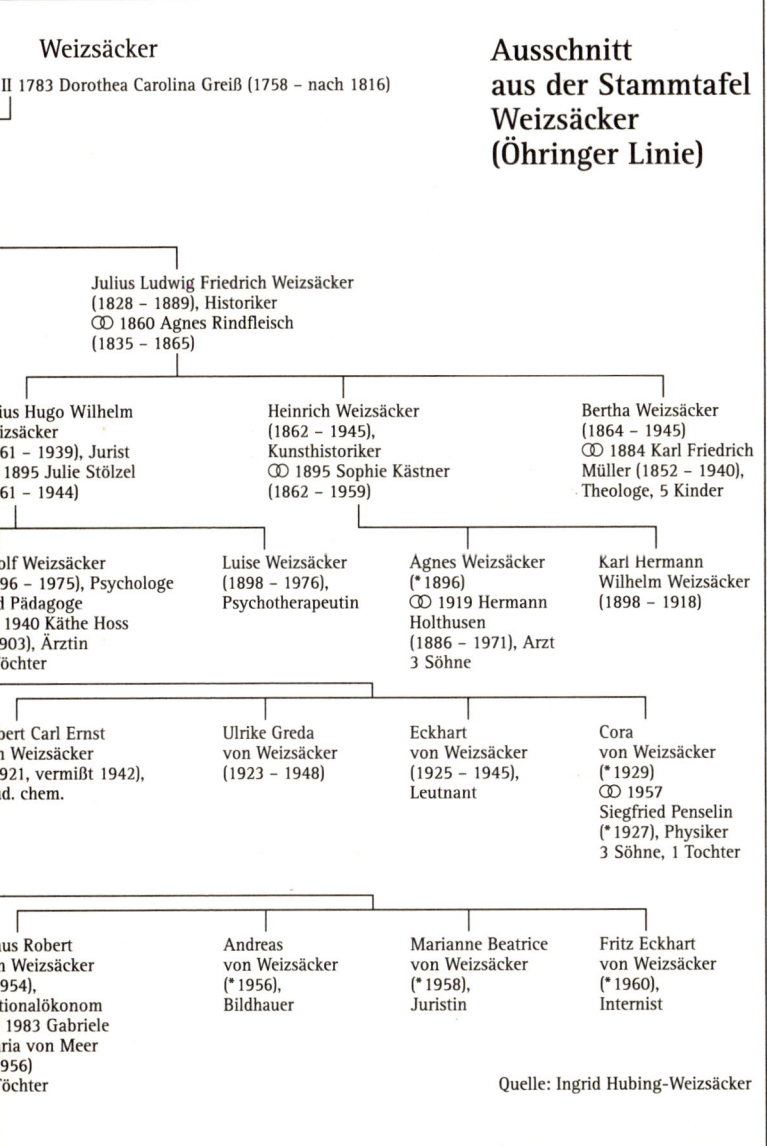

Weizsäcker

⊃ II 1783 Dorothea Carolina Greiß (1758 – nach 1816)

Ausschnitt aus der Stammtafel Weizsäcker (Öhringer Linie)

Julius Ludwig Friedrich Weizsäcker
(1828 – 1889), Historiker
⚭ 1860 Agnes Rindfleisch
(1835 – 1865)

lius Hugo Wilhelm
eizsäcker
861 – 1939), Jurist
⊃ 1895 Julie Stölzel
861 – 1944)

Heinrich Weizsäcker
(1862 – 1945),
Kunsthistoriker
⚭ 1895 Sophie Kästner
(1862 – 1959)

Bertha Weizsäcker
(1864 – 1945)
⚭ 1884 Karl Friedrich
Müller (1852 – 1940),
Theologe, 5 Kinder

lolf Weizsäcker
896 – 1975), Psychologe
id Pädagoge
⊃ 1940 Käthe Hoss
1903), Ärztin
Töchter

Luise Weizsäcker
(1898 – 1976),
Psychotherapeutin

Agnes Weizsäcker
(*1896)
⚭ 1919 Hermann
Holthusen
(1886 – 1971), Arzt
3 Söhne

Karl Hermann
Wilhelm Weizsäcker
(1898 – 1918)

ibert Carl Ernst
in Weizsäcker
1921, vermißt 1942),
ud. chem.

Ulrike Greda
von Weizsäcker
(1923 – 1948)

Eckhart
von Weizsäcker
(1925 – 1945),
Leutnant

Cora
von Weizsäcker
(*1929)
⚭ 1957
Siegfried Penselin
(*1927), Physiker
3 Söhne, 1 Tochter

aus Robert
in Weizsäcker
1954),
itionalökonom
⊃ 1983 Gabriele
aria von Meer
1956)
Töchter

Andreas
von Weizsäcker
(*1956),
Bildhauer

Marianne Beatrice
von Weizsäcker
(*1958),
Juristin

Fritz Eckhart
von Weizsäcker
(*1960),
Internist

Quelle: Ingrid Hubing-Weizsäcker

Die vorangegangenen Tabellen zeigten einen rein schematischen, textlichen Aufbau. Wenn Sie Ihrer Ahnentafel Originalität einhauchen wollen, können Sie zum Zeichenstift greifen und nach dem gleichen Prinzip einen individuellen Stammbaum kreieren. Ihren gestalterischen Ideen sind dabei natürlich keine Grenzen gesetzt.

Die erweiterte Form der Darstellung nennt man Stammliste. Davon ist die Rede, wenn auch noch zusätzlich sämtliche Geschwister aufgeführt sind. Der Vorteil: In einer Stammliste finden Sie nicht nur die Verwandtschaft aus der direkten Linie, sondern alle, die Ihren Familiennamen tragen.

Es liegt auf der Hand, dass solche Stammlisten nicht einfach zu erstellen sind, denn mit der Zahl der Generationen steigt auch die der einzelnen Familienmitglieder. Früher waren fünf, sechs oder gar mehr Nachkommen nicht etwa eine Seltenheit, sondern vielmehr die Regel. Eine solch umfangreiche Auflistung von Personen erfordert eine andere Art der Bezifferung. Am deutlichsten erkennen Sie den Unterschied an unserer Beispielfamilie Preiss. Hier trägt die römische Ziffer I nicht das jüngste Familienmitglied, sondern der Stammvater mit der ehemaligen Nummer 64, von dem aus Sie sich sozusagen nach vorne bis in unsere heutige Zeit „vorarbeiten".

I   PREISS, Johannes; * 1767; Knecht;
       oo mit Sophie, geborene Mittleitner;
       Kinder (soweit bekannt):
       1. PREISS, Adolph; siehe II a
       2. PREISS, Lena; * um 1770; Magd;
          oo um 1791 mit WIEGAND, Karl;
          † Dezember 1805
       3. PREISS, Paul; * um 1771; Pfarrer;
          † 12.3.1814

II a   PREISS, Adolph; * 14.5.1799 in Utting; Bauer;

oo 1820 mit Creszentia, geborene KREITER;

† 17.3.1856

Kinder:

1. PREISS, Wilhelm; siehe III a

2. PREISS, Sophia; * 22.9.1856 in Diessen;

Bauersfrau;

oo 1878 in Augsburg mit WEGNER, Karl;

† 3.7.1899 in Augsburg

III a   PREISS, Wilhelm; * 22.9.1856 in Diessen; Agronom;

oo 1878 mit Dorothea, geborene HERZL;

† 6.8.1916

Kinder:

1. PREISS, Anton; siehe IV a

2. PREISS, Maria; * 8.9.1903;

oo 18.3.1924 in München mit KUTTER, Michael;

† 20.9.1989

3. PREISS, Siegfried; siehe IV b

4. PREISS, Gunhild; * 4.7.1906; Ordensfrau;

IV a   PREISS, Anton; * 7.8.1901 in Diessen; Major;

oo 3.4.1938 in Augsburg mit Olga, geborene KOHR;

† 10.10.1989

Kinder:

1. PREISS, Friedrich siehe V a

2. PREISS, Annemarie; * 2.2.1939 in Augsburg;

oo 12.4.1961 mit MITTERER Johann;

3. PREISS, Martin; * 3.6.1941 in Augsburg

4. PREISS, Michael; * 2.6.1941 in Augsburg

IV b   PREISS, Siegfried; * 2.1.1905; Opernsänger;

oo 16.9.1935 in München mit Martha Elisabetha,

geborene Gräfin Zeilsheim;

V a   ...

Falls es mittlerweile etwas kompliziert für Sie geworden ist – keine Panik. Sie behalten ja immer noch Ihre Karteikarten im Auge, auf denen Sie stets erkennen können, wie Ihre Stammlinie verläuft. Für eine Stammliste müssen Sie eine große und umfangreiche Datensammlung Ihr Eigen nennen. Sie sollte auch möglichst lückenlos sein, denn nur dann hat es Sinn, eine solche Liste zu erstellen.

Ahnenforschung nach dem Mutterstamm

In der Genealogie ist es normalerweise üblich, sich an den Vorfahren der Vaterseite zu orientieren. Wenn Ihnen da die Gleichberechtigung fehlt, haben Sie durchaus die Möglichkeit, die mütterliche „Variante" zu wählen. In diesem Fall spricht man vom Mutterstamm mit Mutter, Großmutter, Urgroßmutter etc. Diese Liste finge dann so an:

1	Preiss, Bastian
3	Metz, Frieda
7	Bäcker, Annegret
15	Mayr, Senta
31	...

Dieser Mutterstamm stellt also das weibliche Pendant zur Stammlinie dar und enthält demzufolge die ungeraden weiblichen Ahnenkennziffern 3 – 7 – 15 – 31 – 63 und so fort.

Vielleicht treffen Sie bei Ihren Forschungen auf einen Ahnen oder eine Vorfahrin, der/die auf irgendeine Weise zu Berühmtheit gelangt ist. Auch möglich, dass Sie auf den Abkömmling einer Adelsfamilie stoßen. An diesem Punkt können Sie die anfangs eingeschlagene „Ahnenautobahn" verlassen und nach den Nachkommen des berühmten Familienmitglieds suchen. In dem Moment ändern Sie die Richtung und gehen bei der nun folgenden Nachkommenforschung umgekehrt vor wie bei der Familienforschung. Ausgangspunkt ist der Stammvater, von dem aus Sie dessen Nachkommen bis heute verfolgen. Dieser „Abstecher" ist für den Hobby-Genealogen eine spannende Aufgabe.

Soll Ihre Familienchronik umfassender Natur sein, benötigen Sie also eine ganz schöne Menge Material.

- Nur Zahlen und Daten genügen nicht. Das Umfeld (Geschichten, Ereignisse, Anekdoten und Fotos) machen erst den Reiz einer Chronik aus.
- Zu einer Familienchronik gehören auch die geschichtlichen Zusammenhänge, vor deren Hintergrund sich das Leben in der Vergangenheit abspielte.
- Also sind nicht nur Ihre Familienmitglieder die einzigen „Darsteller", sondern auch das soziale Umfeld.
- Aus Ihrer Familienchronik machen Sie eine bunte, abwechslungsreiche und attraktive „Familienillustrierte". Scheuen Sie sich nicht, Ihr Werk mit Fotos, Zeichnungen, ja vielleicht auch mit Landkarten und Lageplänen anzureichern.
- Lassen Sie besonders die kulturellen Höhepunkte der jeweiligen Epoche in Ihre Chronik einfließen. Beschreiben Sie bespielsweise den Zeitgeist im Berlin der Goldenen 20er Jahre oder die Biedermeierzeit.
- Gehen Sie systematisch vor, und gliedern Sie Ihre Chronik in Kapitel. Eines steht für die nackten Zahlen und Fakten, im anderen geben Sie die Geschichten weiter, die Ihnen von Ihren Verwandten und Bekannten erzählt wurden.
- Vorfahren, die sich besondere Verdienste erworben haben, sollten in Ihrem Werk besondere Beachtung finden. In der Regel sind damit ja auch äußerst spannende Geschichten verbunden.
- Zum Schluss haben Sie eine rundum interessante Familiengeschichte vor sich, die immer wieder ergänzt und aktualisiert werden kann. Denn Sie erinnern sich ja: Mit Ihrem Hobby sind Sie eigentlich nie wirklich am Ende angelangt ...

Noos

Kapitel 8

Wenn man an
einen „toten Punkt" kommt ...

Bei Ihren Forschungsbemühungen werden Sie mit Sicherheit irgendwann an einen Punkt gelangen, an dem Sie kein Fortkommen
mehr sehen. Manche Vorstöße enden bereits bei den Urgroßeltern,
andere Hobby-Genealogen haben das Glück, ihre Familie lückenlos bis ins 16. Jahrhundert zurückverfolgen zu können. Letzteres ist
allerdings – und darüber sollten Sie sich im klaren sein – äußerst
selten der Fall.

Die Informationsquellen versiegen ...

Ab 1876 gab es in Deutschland Standesämter. Bis in diese Zeit sollte
es Ihnen also gelingen, Informationen zusammenzutragen. Danach
wird es schon schwieriger. Die nächste Anlaufstelle sind die Kirchenbücher, die teilweise Aufzeichnungen bis ins 16. Jahrhundert
bieten. Darüber hinaus gelingt es so gut wie keinem Ahnenforscher,
seine Arbeit fortzusetzen. Wenn Sie alle Quellen der Kirchenbücher
ausgeschöpft haben und danach „kein Land mehr" sehen, müssen
Sie keineswegs enttäuscht sein. Längst nicht alle Ihrer Forscher-
kollegen haben es bis hierhin überhaupt geschafft.

Nur den adeligen Familien, die seit alters her Ahnenbücher geführt
haben, um ihre privilegierte Stellung in der Gesellschaft zu unter-

mauern, ist es möglich, über die Eintragungen in den Kirchenbüchern hinaus die Geschichte ihrer Familie zu verfolgen. Für alle
anderen – und dazu gehören Sie höchstwahrscheinlich – stellt sich
jetzt die Frage, wie weiter zu verfahren ist.

Konzentrieren Sie sich darauf, das Ihnen vorliegende Material zu
ergänzen und zu vertiefen. Besuchen Sie Bibliotheken und Archive,
sammeln Sie alles, was Sie über die Zeit Ihrer Verwandten finden.
Stück für Stück und Mosaiksteinchen für Mosaiksteinchen entsteht
ein umfassendes Bild über das Leben in der Epoche vor Ihren Augen, in der Ihre Vorfahren lebten. Diese einzelnen Untersuchungen
können sogar spannender und aufregender sein als die immer weiter
zurückführende Suche nach Verwandten. Immer mehr Details kommen hinzu und machen Ihnen historische Zusammenhänge klar.

Eine Familienchronik muss ja nicht unbedingt nur aus der Anein-
anderreihung zeitlicher Begebenheiten bestehen. Erst wenn die
Vielfalt des Lebens in der Epoche herausgestellt wird, haben Sie
als Ergebnis eine lebendige Darstellung der Geschichte – nicht nur
der Ihrer Familie. Schildern Sie, wie Ihre Vorfahren mit den Lebens-
umständen damals zurechtkamen. Gerade über die letzten beiden
Jahrhunderte weiß man heute sehr viel, und es dürfte kein größe-
res Problem für Sie sein, Fakten zusammenzutragen. Und wenn es
tatsächlich mal einen „Stau" auf der Ahnenautobahn gibt – machen Sie Pause vom Forschen. Erwecken Sie Ihr künstlerischen Talent, und versuchen Sie, Ihrem künftigen Stammbaum eine anspre-
chende grafische Gestaltung zu geben.

Natürlich sollen Sie das Sammeln von Fakten nicht ganz vergessen. Neben den Standardquellen (Eintragungen bei Standesämtern,
in Kirchenbüchern, Archiven der Stadt bzw. Gemeinde, der Landeskirchen etc.) gibt es noch einige Möglichkeiten, über den toten
Punkt hinaus zu kommen.

Öffentliche und private Archive

Sowohl in den öffentlichen Archiven als auch in den privaten, die Ihnen zugänglich sind, lagern nicht nur Auszüge aus Standesämtern und Kirchenbüchern. Dort werden alle Schriften aufbewahrt, die von historischem, wissenschaftlichem oder künstlerischem Interesse sind. Zum Beispiel die Protokollbücher des Gemeinde- oder Stadtrats. Auf den ersten Blick mögen Ihnen die Eintragungen irrelevant für Ihre Forschung erscheinen. Wenn Sie allerdings genauer hinsehen, erkennen Sie, dass hier das Leben zur damaligen Zeit bestens widergespiegelt wird. Und es wird Ihnen sicher gelingen, einen Bezug zu Ihrer Familie in irgendeiner Form herzustellen.

- Sie wissen nicht, wo Sie solche Archive finden sollen? Oft genügt schon ein Blick ins Telefonbuch Ihrer Gemeinde oder der nächstgrößeren Stadt. Dort sind – falls vorhanden – die Archive aufgeführt, die für Sie von Interesse sind. Haben Sie Mut und fragen Sie ruhig bei einem solchen Archiv nach. Ihr „berechtigtes Interesse", wie es heißt, können Sie schon mit der Begründung „private Familienforschung" nachweisen. Schon dürfen Sie in den alten Unterlagen stöbern. In größeren Archiven herrschen geregelte Öffnungszeiten, für den Besuch kleinerer Institutionen müssen Sie einen Termin ausmachen. Sie sollten allerdings damit rechnen, dass manche Archive für Sie unzugänglich sind. Das gilt vor allem für Firmenarchive.

- Wie spüren Sie die Informationen auf, nach denen Sie suchen? Es gibt nur zwei Prinzipien, nach denen ein Archiv geordnet sein kann. In manchen wird nach zeitlich-sachlichen Kriterien geordnet. Meist jedoch herrscht heutzutage das Prinzip der Herkunft. Das bedeutet für Sie, dass Sie sich durch einen ganzen Berg von Informationen und Unterlagen wühlen müssen, um für Ihre Familienchronik Daten zusammenzutragen. Lassen Sie sich davon aber nicht abschrecken: In den meisten Archiven liegen so genannte Findbücher aus, mit deren Hilfe Sie sich bestens orientieren können. Vielleicht ist ja auch der eine oder andere Zufallstreffer dabei, und Sie finden Informationen, die das Bild eines bestimmten Vorfahren völlig verändern. Oder Sie stoßen auf einen lang gesuchten Ahnen. Schon ist der tote Punkt überwunden, und mit Ihrer Forschung geht es noch mal so gut voran.

Arten von Archiven

- Gesamtstaatliche Archive: Hier sind Schriften der staatlichen Gesamtverwaltung zusammengefasst. Dazu gehören zum Beispiel das Koblenzer Bundesarchiv und das Geheime Staatsarchiv der Stiftung Preußischer Kulturbesitz Berlin.
- Regionale Staatsarchive: In diesen finden Sie Material, das sich auf einzelne Bundesländer bezieht. Auch kleinere Städte, die kein eigenes Archiv haben, sind hier vertreten.
- Kommunalarchive: Das sind die Archive von Großstädten und Gemeinden mittlerer Größe. In manchen ländlichen Gebieten gibt es Kreisarchive, wo historische Informationen über den Landkreis gesammelt werden.
- Adels- und Familienarchive: Hier sind Fakten über adlige Familien zu finden. Falls Sie bei Ihren Forschungen auf einen Zweig der Familie gestoßen sind, der mit einem Adelshaus verwandt ist, ist das die richtige Anlaufstelle für Sie. Viele dieser Adelsarchive befinden sich in Burgen und Schlössern.
- Kirchliche Archive: Das größte und umfangreichste seiner Art ist das Vatikanische Archiv in Rom, das Ihnen allerdings kaum die Möglichkeit zu Nachforschungen bieten wird. Wollen Sie kirchliche Ereignisse nachschlagen, wenden Sie sich am besten an die katholischen Diozösan- und Bistumsarchive bzw. an die Archive der evangelischen Landeskirchen.
- Spezielle Archive: Sie werden auch von Vereinen, Verbänden oder Parteien geführt. War ein Vorfahre von Ihnen Gewerk-

schaftsmitglied oder in einer Partei, können Sie auch hier Forschungsarbeit betreiben.

- Rundfunk- und Fernsehanstalten sowie Hochschulen, Universitäten, Schulen und Stiftungen unterhalten ebenfalls Archive. Auch wenn Sie es nicht erwarten: Es kann für Sie durchaus lohnend sein, hier mal reinzuschauen.

Welche Schätze bergen die Archive?

- Bürgerbücher: Sie können für Ihre Forschungen von besonde-
rem Interesse sein. Vom Mittelalter bis ins vergangene Jahrhundert wurden diese Aufzeichnungen geführt. Früher war
nicht jeder Einwohner einer Gemeinde automatisch gleich Bürger. Um Grund und Boden kaufen, einen Betrieb führen und
ein Handwerk ausüben zu können, musste man sich zunächst
einmal Bürgerrechte verschaffen. Entweder man erwarb sie
durch Zahlung einer Geldsumme, oder aber sie wurden vererbt.
Dem Sohn einer Bürgerfamilie stand das Bürgerrecht ab einem
bestimmten Alter zu. Die Bürger einer Stadt sind in den Bür-
gerbüchern aufgeführt. Diese Bürgerbücher finden Sie in Stadt-
oder Landesarchiven.
- Steuerlisten: Darin sind Vermögen und Steuerpflichten der
Bürger früherer Epochen verzeichnet. Diese Listen können für
Sie ausgesprochen aufschlussreich sein: Sie erfahren, welcher
Ihrer Ahnen begütert war, welches Einkommen er hatte und
wie hoch er besteuert wurde. Auch die Frage nach dem Beruf
kann oft mittels Steuerlisten geklärt werden.
- Untertanenlisten: Diese Schriftstücke reichen manchmal sogar
weiter zurück als die Aufzeichnungen in den Kirchenbüchern.
Nicht nur Hausangestellte waren aufgelistet, sehr oft sogar
auch die einzelnen Familienmitglieder.
- Protokolle von Gerichten: Was Sie hier finden, liegt auf der
Hand. War einer Ihrer Vorfahren etwa ein schlimmer Finger?

Oder verklagte er einst einen Nachbarn? Auch Aufzeichnungen über Erbschaftsauseinandersetzungen oder Wege- und Wasserrechte sind hier zu finden.

Die Arbeit im Archiv

Gehen Sie bei Ihrer Arbeit in Archiven immer systematisch vor:

- Nehmen Sie die Daten, die Sie bereits zusammengetragen haben, als Ausgangspunkt.
- Wissen Sie, in welcher Stadt Ihr Verwandter lebte? Dann besuchen Sie die dortigen Archive. Aber nicht jede Gemeinde hat solche Institutionen. Also benutzen Sie die nächst höhere „Stufe": das Landesarchiv.
- Auch das zuständige kirchliche Archiv kann von Nutzen sein.
- Wichtig ist nur: Resignieren Sie nicht. Auch Stellen, von denen Sie sich zunächst keine Hilfe erhoffen, kann so manchen Zufallstreffer bergen. (In Kapitel 6 haben wir für Sie einige Anschriften aufgelistet, bei denen Sie Unterstützung finden werden.)
- Bleiben Sie also immer „am Ball" und nutzen Sie alle Quellen, zu denen Sie Zugang haben.

Kapitel 9

Familienforschung für Fortgeschrittene

Natürlich haben Sie als Hobby-Genealoge den unstillbaren Ehrgeiz, alles über Ihre Vorfahren herauszufinden und dies auch allein zu schaffen. Schließlich ist es Ihnen ein Bedürfnis, Ihrer Familie und Ihren Freunden später einmal ein Werk vorzulegen, für das man Sie lobt. Und Sie wollen später sagen können: „Das habe ich alles ganz allein geschafft!"

Hilfestellungen

Auf dem Weg dorthin kann es allerdings Hindernisse geben. Nicht immer haben Sie die Zeit, kreuz und quer durchs Land zu fahren und alle Anlaufstellen wie Archive o. Ä. aufzusuchen, die Ihnen die notwendigen Informationen bieten. Sie betreiben ja schließlich keine professionelle Genealogie, sondern gehen einem Hobby nach. Einen streng wissenschaftlichen Anspruch an Ihre Arbeit stellen Sie sich selbst also nicht unbedingt.

Um trotzdem optimale Forschungsergebnisse zu erzielen, lässt es sich manchmal nicht umgehen, Dritte um Hilfe zu bitten. Halten Sie das dann nicht für eine persönliche Niederlage! Sie müssen entscheiden, was wichtiger für Sie ist: eine Arbeit, die Sie zwar ganz allein und im Schweiße Ihres Angesichts erbracht haben, die aber Lücken aufweist. Oder ein Werk, an dem Sie und Ihr näheres Umfeld noch lange Freude haben werden, weil es die Geschichte Ihrer

Familie lebendig und so ausführlich wie möglich darstellt. Sicherlich werden Sie sich für die letzte Variante entscheiden ...

Manchmal ist es unumgänglich, Hilfe in Anspruch zu nehmen. Besonders, wenn Sie den berühmten toten Punkt erreicht haben (siehe voriges Kapitel), werden Sie dankbar sein, tatkräftige Unterstützung zu erhalten. Da gibt es einige Möglichkeiten. Scheuen Sie sich nicht, sie zu nutzen.

Austausch mit anderen Forschern

Viele Informationen, die Sie bei Ihren Forschungen benötigen, müssen Sie sich mühsam erarbeiten. Aber wissen Sie, ob nicht so manches bereits als Ergebnis vorliegt? In solchen Fällen würden Sie unnötige Doppelarbeit leisten und kostbare Zeit verschwenden. Da ist es einfacher und besser, die Erfahrungen und Ergebnisse anderer für sich zu nutzen. Im Gegenzug können Sie anderen ebenso wertvolle Tipps und Hinweise geben, die dann weiterhelfen.

Gegenseitige Hilfestellung ist die Hauptmotivation für die Zusammenarbeit unter privaten Familienforschern. Solche „Kollegen" sind gar nicht so schwer zu finden. Sie könnten sich zum Beispiel für die Mitarbeit in einem genealogischen Verein entscheiden. Dort treffen Sie eine Menge Gleichgesinnter, die Ihnen gern helfen werden und mit denen Sie sich austauschen können. In Fachzeitschriften haben Sie die Möglichkeit, Suchanzeigen zu schalten. Sind Sie Mitglied in einer genealogischen Vereinigung, steht Ihnen häufig jährlich eine kostenlose Suchanzeige in der Vereinszeitschrift zu. Im Übrigen sind die Anzeigenpreise nicht allzu hoch und sie haben eine breite Wirkung. Veröffentlichungen dieser Art werden von Interessierten im ganzen Land gelesen. Außerdem finden Sie in solchen Vereinszeitschriften laufend Adressen von Familienforschern und deren speziellen Suchgebieten.

Von einigen Vereinen werden so genannte Mitgliederverzeichnisse herausgegeben; das ist ein weiterer Ansatzpunkt für die Zusammenarbeit mit Gleichgesinnten. Diese Listen enthalten neben den Namen und Anschriften der einzelnen Mitglieder Hinweise auf die jeweiligen Forschungsschwerpunkte. Es gibt auch überregionale Familienforscherverzeichnisse, die in Bibliotheken und Archiven zu finden sind. Sie sind jedoch leider oft veraltet und warten auf eine gründliche Aktualisierung. Mit einem Klick im Internet kommen Sie da oft wesentlich weiter.

Denken Sie beim Schriftverkehr mit anderen Hobbyforschern aber unbedingt an unsere Regel und die zwölf Gebote:

- Legen Sie bei allen Anfragen Rückporto bei.
- Haben Sie Bücher oder Schriftstücke ausgeliehen? Dann vergessen Sie nicht, diese wieder zurückzugeben.
- Höflichkeit öffnet (fast) jede Türe! Wenn Sie von jemandem Daten übermittelt bekommen haben, bedanken Sie sich immer für die Unterstützung. Selbst wenn Ihr Ansprechpartner keinen Erfolg erzielen sollte: Bedanken Sie sich höflich auch für seine Bemühungen.
- Wenn Sie jemanden persönlich kontaktieren wollen, wählen Sie immer die schriftliche Form. Unangemeldete Besuche oder überraschende Telefonate kommen ganz schlecht an.

Gerade wenn Sie diese Höflichkeitsregeln beachten, steht einer weiteren fruchtbaren Zusammenarbeit mit anderen Hobby-Genealogen nichts im Wege. Und so ganz nebenbei kann sich der rein fachliche Kontakt vielleicht zu einer engen persönlichen Freundschaft entwickeln.

Hilfe durch genealogische Vereine

Genealogische Vereine können mit ihren Sammlungen von Schriftstücken und Urkunden wertvolle Hilfestellung leisten – besonders, wenn Sie am Anfang Ihrer genealogischen Studien sind. Zunächst einmal haben Sie die Möglichkeit, die Archive und Büchereien der Vereinigungen zu nutzen. Hier finden Sie auch viele handschriftliche Materialien, die von den Mitgliedern zum Teil schon vor Jahrzehnten zur Verfügung gestellt wurden. Einige Vereinigungen haben Namenskarteien angelegt, in denen zum Teil wirklich hunderttausende Familiennamen aus einer bestimmten Region aufgelistet wurden. Auch der Nachweis dieser Nennungen fehlt nicht.

Natürlich gibt es für Sie auch die Möglichkeit, an Veranstaltungen und so genannten Ausspracheabenden der Vereinigung teilzunehmen. Sie bieten jedem Familienforscher die Gelegenheit, Gleichgesinnte kennenzulernen und Tipps und Erfahrungen auszutauschen. Ebenso stehen oft Vorträge von kompetenten Profi-Genealogen und Historikern auf dem Programm. Das kann Ihre praktische Forschungsarbeit nur bereichern.

Sie kennen das bestimmt: Für die Einsicht in manche Archive ist es oft vonnöten, Beamte bzw. Pfarrer vom eigenen Anliegen zu überzeugen. Dies ist nicht immer ganz leicht, da Kooperation nicht unbedingt groß geschrieben wird. Auch hier geben genealogische Vereine ihren Mitgliedern Hilfestellung. So vermeiden Sie es, dass Ihre Forschungen sich unnötig verzögern, erschwert werden oder übermäßig verteuern. Auf Anfrage vermitteln alle Vereinigungen Ihnen gerne Adressen von Personen oder Institutionen, die Ihnen bei bestimmten Nachforschungen unter die Arme greifen können.

Sie sehen also, dass der Anschluss an einen genealogischen Verein für Sie so manchen Vorteil bringt. Viele Vereine haben zudem Regionalzentren, deren Arbeitsschwerpunkt in der Gegend liegen, die Sie erforschen wollen. Es gibt aber auch größere, überregionale Vereinigungen, die eine breitere Fläche abdecken. Da Mehrfach-Mitgliedschaften durchaus möglich sind, kann es für Sie nützlich sein, gleich mehreren Vereinen beizutreten. Um so breiter sind die Hilfsmöglichkeiten gefächert, die der einzelne Hobbyforscher – also Sie selbst – in Anspruch nehmen kann.

Durch Ihre Mitgliedschaft können Sie auch dazu beitragen, die „Durchschlagskraft" der Genealogischen Vereine zu stärken. Je größer ein solcher Verein ist, desto mehr Möglichkeiten hat er, seine Aufgaben zu erfüllen – umfangreiche Sammlungen anzulegen, Hobby-Familienforscher zu beraten, Fachliteratur herauszugeben, die Interessen dieser Wissenschaft gegenüber Behörden, Kirchen und Archiven zu vertreten u. Ä.

Auch wenn Sie nicht gleich am ersten Tag Ihrer Mitgliedschaft Erfolge ernten werden – langfristig stärken Sie dadurch die Belange der Genealogie, und das hat irgendwann Auswirkungen auf Ihre eigene Arbeit in puncto Familienforschung.

Hilfe durch einen Berufsgenealogen

Wann ist die Einbeziehung eines erfahrenen Berufsgenealogen für Sie sinnvoll? In erster Linie lohnt sich dies, wenn Sie Ihre familiengeschichtlichen Fakten und Informationen aus rechtlichen oder kommerziellen Gründen benötigen. In einem solchen Fall ist Zeit meist Geld, und der Laie, selbst wenn er über Anfangskenntnisse auf diesem Gebiet verfügt, kann mit der schnellen und fundierten Arbeit eines Profis nicht mithalten.

Es kann durchaus die Situation aufkommen, dass Sie mit dem selbst erreichten nicht zufrieden sind oder an einem bestimmten Problem hängen bleiben und einfach nicht weiterkommen. In solchen Fällen ist es gut, wenn der Fachmann einspringt, und Sie sollten die Dienste eines professionellen Genealogen nicht von vornherein ablehnen.

Zum Beispiel: Die einzige Möglichkeit, Ihre Arbeit voranzutreiben, ist das Forschen in einem Archiv, das nur schwer zugänglich ist. Es gibt etwa Archive in Schlesien, Pommern, Ostpreußen, Siebenbürgen, auf die das zutrifft. Manche Berufsgenealogen haben sich auf diese Gebiete spezialisiert und unternehmen regelmäßig Forschungsreisen dorthin. Mit ins Reisegepäck nehmen sie gerne zusätzliche Aufträge von Hobbyforschern. Auch wenn Sie ein bestimmtes, weiter entferntes Archiv aufsuchen müssten und Ihnen die Zeit fehlt oder Sie die Kosten scheuen, dorthin zu reisen, kann ein Profi vor Ort hilfreich sein.

Warum auch immer Sie einen Fachmann zu Hilfe nehmen wollen – kalkulieren Sie den Faktor zwischen Kosten und Nutzen genau. In den verschiedenen Fachzeitschriften sind regelmäßig Anschriften von Berufsgenealogen abgedruckt. Auch die regionalen genealogischen Vereinigungen helfen Ihnen gern weiter.

Kapitel 10

Familienforschung per Computer

Die unregelmäßig erscheinende Zeitschrift „Computergenealogie"
hat vor einigen Jahren die Auswertung eines Fragebogens veröffentlicht. Daraus kann man deutlich erkennen, wie wichtig der
Computer mittlerweile in der Familienforschung geworden ist (Heft
38, 14. Jahrgang). Wer daheim einen PC stehen hat und damit um-
zugehen weiß, kann den Rechner nämlich für das Hobby Familienforschung ganz besonders nutzen. Nicht nur für das Anlegen von
Karteien und Adressen, für Personenstammblätter, Ahnenlisten und
-tafeln, Stammbaum und eine Familienchronik leistet der Computer
nützliche Hilfe. Aber Sie können damit noch viel mehr anfangen.

Die Auswahl der richtigen Software

Es gibt zahlreiche Programme, die Ihnen bei Ihrem Hobby helfen.
Allerdings: Selbst der Verein für Computergenealogie e. V. kann
kaum eine Empfehlung dafür geben, welches Programm das beste
ist – das hängt zu sehr davon ab, was Sie ganz persönlich als Familienforscher damit machen wollen. Jeder legt unterschiedliche
Maßstäbe an: Der eine benötigt vielleicht eher die Aufzählung ade-
liger Titel, der andere sucht speziell nach bestimmten Orten im öst-
lichen Europa.

Die Angebotspalette ist riesig, und ständig kommen neue Programme auf den Markt. Manche davon sind einfache Verwaltungsprogramme, die Ihnen dabei helfen, Ahnentafeln und Stammblätter zu organisieren. Andere gehen weiter: Man kann damit sehr komplexe Vorgänge erfassen – etwa Mehrfachehen, Heiraten unter Verwandten oder andere „Fallen", an denen Hobby-Familienforscher manchmal schier verzweifeln. Manche Programme ähneln also eher einer „langweiligen" Textverarbeitung, andere sind so „raffiniert", dass man damit farbige Darstellungen von Familienstammbäume gestalten und ausdrucken kann ...

Es gibt ein paar Grundregeln, die Ihnen helfen, das für Sie genau richtige Programm zu finden. Sie werden aber rasch merken: Mit Ausprobieren vor allem preiswerterer Software (oder sogar kostenloser Shareware) kommen Sie am schnellsten dahinter, was genau für Sie von Nutzen ist. Haben Sie das herausgefunden, können Sie daran gehen, Ihre Kaufentscheidung zu fällen.

Checkliste vor dem Kauf des Programms

Stellen Sie sich vor dem Kauf eines Programms für Familienforschung folgende Fragen:

- Ist die Software grundsätzlich von der Beschreibung her für das geeignet, was Sie erreichen wollen?
- Ist das Programm nach und nach erweiterbar?
- Ist die Software überhaupt für Ihren Computer geeignet? Läuft es auf Ihrem Windows-PC? Oder haben Sie einen Macintosh? Gerade bei Letzteren ist Software für Familienforscher leider immer noch nur in begrenzter Auswahl erhältlich.
- Hat Ihr PC genügend Ausstattung für das gewünschte Programm? Also: Speicherplatz und Betriebssystem überprüfen! Ein CD-ROM-Laufwerk ist heutzutage unerlässlich; ein guter Drucker ist ebenfalls ein Muss, ein Scanner kann nützlich sein.

Wer im Internet recherchieren möchte, braucht außerdem Modem bzw. ISDN-Karte oder am besten einen DSL-Anschluss. So manche Homepage baut sich nämlich bei analogem „Surfen" nur quälend langsam auf ...

- Fühlen Sie sich ganz persönlich von der Software angesprochen?
- Ist das Handbuch verständlich geschrieben und logisch aufgebaut?
- Können Sie das Programm schnell erlernen und damit so umgehen, wie Sie es bisher gewohnt sind? Oder müssen Sie sich völlig umstellen bzw. können Sie Ihre bisher erfassten Daten nicht einfügen und weiter benutzen?
- Sind all jene Datenfelder vorhanden, die Sie für Ihre Arbeitsweise benötigen? Wenn nicht: Kann man das Programm entsprechend ergänzen? Oder für Ihre Bedürfnisse individualisieren?
- Wie verknüpft die Software die einzelnen genealogischen Bereiche?
- Kann man falsche Eingaben problemlos korrigieren? Und: Können Sie weitergehende Forschungen ebenso unproblematisch einfügen und ergänzen?
- Kann man mit Bildern arbeiten? Müssen diese eingescannt werden, brauchen Sie also zusätzliche Hardware (einen Scanner). Benötigen Sie diese Funktion überhaupt, die ein Programm oft teurer macht?
- Wie kann man die Ergebnisse der eigenen Arbeit aus dem Computer „holen"? Also: Sind Ihre Forschungen ohne Probleme ausdruckbar? In welcher Form: als Liste oder grafische Darstellung? In Schwarzweiß oder in Farbe? Ist Ihr Drucker dafür geeignet?
- Können Sie mit anderen Famlienforschern Daten austauschen und in „Ihr" Programm einlesen? Ist dies per Diskette und/oder per Email möglich? Oder benötigen Sie dafür spezielle Software?
- Haben Sie prinzipiell oder aus dem Programm heraus die Möglichkeit des Zugangs zum Internet?

- Wie lange ist „Ihr" Programm schon auf dem Markt? Können Sie mit anderen Familienforschern Erfahrungsaustausch betreiben?

- Lässt sich das Programm von Zeit zu Zeit updaten (gibt es also neuere Versionen, die problemlos in den Computer eingelesen werden können)? Gerade beim schnellen technischen Fortschritt innerhalb der EDV ist das ein wichtiger Punkt!

- Wie teuer ist das Programm? Genauer gefragt: Ist es für Sie ganz persönlich den Preis wert? Die Kosten von Software sind nämlich sehr unterschiedlich: Sie können Testversionen umsonst oder für wenige Euro bekommen, aber auch weit über 250 und 300 Euro dafür ausgeben.

So mancher Hobbygenealoge wird überrascht sein, wie wenig er eigentlich darüber weiß, wie er arbeitet. Gerade darüber – über Ihre Arbeitsweise also! – sollten Sie sich vor dem Kauf eines Familienforschungsprogramms im Klaren sein.

Empfehlenswert ist es wohl in jedem Falle, sich einen PC mit Modem bzw. ISDN-Karte zuzulegen oder den Computer damit aufzurüsten. Denn das Internet ist eine wirklich wichtige Quelle für Informationen – vor allem aber auch für den Datenaustausch zwischen Familienforschern. Hilfe bietet Ihnen außerdem die Mitgliedschaft im Verein für Computergenealogie e. V. zur Förderung EDV-gestützter familienkundlicher Forschungen e. V.

Der Verein für Computergenealogie

Dieser Verein wurde 1989 in Dortmund gegründet (Adresse: http://www.genealogienetz.de/vereine/CompGen/index.html). Für zurzeit (Winter 2005) 35 Euro Jahresbeitrag bekommen Sie als Hobbygenealoge (Familienforscher von Berufs wegen können zwar Mitglied sein, dürfen dies jedoch nicht beruflich nutzen!) die Möglichkeit, Erfahrungen und vor allem Daten auszutauschen. Regionaltreffgebiete in Berlin, Hamburg, Osnabrück, Lünen, Duisburg, Darmstadt, Mannheim und München ermöglichen es zudem, den Kontakt untereinander nicht nur zentral zu halten, sondern je nach Gebiet zu intensivieren. Außerdem besteht ein reger Informationsaustausch zu europäischen EDV-Vereinen in Slowenien, Finnland, Dänemark, Norwegen und Schweden. Der Verein bemüht sich ständig um den Ausbau vieler Archive .

Software und Projekte, die weiter helfen

Natürlich kann man hier keine vollständige Liste all der hilfreichen CD-ROMs und Projekte veröffentlichen, aus denen Sie Adressen, Kontakte und Daten abrufen können, die Ihnen bei Ihrer ganz persönlichen Familienforschung weiterhelfen. Selbstverständlich sind alle Adressverzeichnisse geeignet, die Ihnen zunächst einmal Hinweise auf Ihre derzeit vorhandene Familie geben können. Wer dann weiter in die Geschichte eindringen möchte, dem wird durch zusätzliche Informationen weitergeholfen. Etwa durch

- das Genealogische Ortsverzeichnis (GOV). Es ist eines der wichtigsten Archive, das auch vom Verein für Computergenealogie mit aufgebaut wird. Diese Sammlung von Ortsnamen enthält – neben wichtigen Hinweisen für alle Hobby-Familienforscher – eine Sammlung von Ortsnamen in Deutschland und den ehemaligen Ostgebieten. Die Datenbank GOV erreichen Sie über die im Adressteil in Kapitel 6 angegebene Adresse.
- die Aktion Forscherkontakte (http://foko.genealogy.net). Auch sie wird vom Verein für Computergenealogie unterstützt. Jeweils als Buch, aber auch als Diskette bzw. CD-ROM sind Regionallisten als Datenbanken erhältlich, aus denen man von den Forschungen anderer Genealogen profitieren kann.
- die „Historische Einwohnerdatenbank". Ebenfalls ein Projekt des Vereins, sollen in ihr historische Einwohnerverzeichnisse,

ähnlich den heutigen Adressbüchern, erstellt werden, in denen Daten über einen längeren geschichtlichen Zeitraum zusammengefasst sind. Auch hier finden Sie Ansprechpartner über den Verein für Computergenealogie.

- der Ahnenlistenumlauf (ALU). Er wird von der Deutschen Arbeitsgemeinschaft genealogischer Verbände (DAGV) unterstützt. Hier können Sie nicht nur Daten abrufen, sondern Ihre eigenen Recherchen zur Verfügung stellen und so anderen Familienforschern weiterhelfen. Kontakt stellen Sie über den Sonderbeauftragten der DAGV her. Die Adresse finden Sie in Kapitel 6.

Recherchieren im World Wide Web

Das Internet ist eine beinahe unerschöpfliche Fundgrube für den Familienforscher. Man kann sich auf bestimmten Seiten Informationen und weiterführende Links holen; es gibt zahllose Foren und Newsgroups, auf denen man weiter forschen kann. Da sich das Angebot an Websites ständig erweitert, kann man hier nur eine winzige Auswahl wichtiger und informativer Adressen vorstellen:

- http://ahnenforschung.net/download/
- http://www.genealogienetz.de/misc/tips-d.html
- http://www.gf-franken.de/g_links.html
- http://www.schwaben.de/home/nlorenz/links.htm
- http://www.etymologie.info/~l/d_/de-geneal.html
- http://www.stolp.de/Genealogie/USA/
  quellen-auswanderer-usa1.htm
- http://home.bawue.de/~hanacek/info/ddatbase.htm
- http://www.genealogie-ahnenforschung.de/

Hier erhalten Sie Informationen zur Familienforschung in Deutschland, in den einzelnen deutschen Regionen und auch über die all-
gemeine Recherche im Internet. Links stellen die Verbindung zu
den genealogischen Vereinen in Deutschland her, zu Archiven und
Kirchenbüchern sowie Ortsfamilienbüchern und Bezugsadressen
für historische Karten u. Ä.

- http://members.tripod.com/~surnames:
Zwar ist diese Seite in englischer Sprache gehalten, aber sie ist eine
wahre Fundgrube für Genealogen: Die über 30.000 Links sind nach
Kontinenten und Staaten geordnet; es gibt vor allem Hinweise auf
Datenbänke, die man kostenfrei besuchen und abrufen kann.

- http://rootsweb.com
Diese Seite der amerikanischen Familienforscher bietet – neben anderen Infos – eine Suchmaschine zu etwa 570.000 Familiennamen,
deren Vorfahren bereits erforscht wurden. Links zeigen auch die
Ergebnisse deutscher Forscher, die nach den einzelnen Bundesländern geordnet wurden.

- http://genealogy.freewebsitehosting.com/links/
  gendexandgedcom.html
Diese website ist sehr hilfreich für all jene, die nach frühen Aus-
wanderern in Amerika forschen: US-Genealogen haben mehr als
eine Million Familien zusammengetragen. Eine Suchmaschine er-
leichtert die eigene Forschung und führt sogar zu den Stammbäumen der einzelnen Vorfahren. Mehr als 2.800 Datensätze in Form
von Steuerlisten, Friedhofsbüchern u. Ä. sind erfasst, mehr als
300.000 Familiennamen und knapp zehn Millionen Einzelperso-
nen sind abrufbar.

• http://www.switchboard.com

Hier können Sie auf die Schnelle herausfinden, ob es Ihren Familiennamen auch in den Vereinigten Staaten gibt. Denn Switchboard liefert das komplette Verzeichnis der amerikanischen Telefonbücher.

• http://www.bigfoot.com

Diese Adressen-Suchmaschine gilt als eine der größten in der Welt. Die Suche ist relativ einfach: lediglich Vor- und Familiennamen des Gesuchten eingeben – das Programm fahndet nach Post- und/oder Emailadresse und Telefonnummer.

• http://www.iaf.net

In diesem „Internet Adress Finder" (=iaf) sind knapp sieben Millionen Namen gespeichert.

• http://www.nara.gov

Die Abkürzung „nara" bezeichnet die „National Archiial Archives und Record Administration" – das Zentralarchiv der USA. Hier gibt es zwar keine Listen für Familienforschung, aber dafür andere Hinweise: etwa die Auswandererlisten der Passagierschiffe oder Rekrutierungslisten des amerikanischen Bürgerkrieges und des Ersten Weltkrieges.

Weitere Internetadressen finden Sie auch in Kapitel 6.

Kapitel 11

Das eigene Familienwappen

Die Krönung einer jeden eigenen Familienchronik ist natürlich ein eigenes Wappen. Damit machen Sie deutlich, dass Sie sich für die Herkunft Ihrer Familie interessieren und für deren Verflechtung in der Geschichte ganz allgemein. Außerdem bezeugen Sie Individualität – gerade in unserer heutigen Massengesellschaft ist dies ein Ziel, das sich viele setzen.

Verwendung des eigenen Familienwappens

Mit einem plakativen und künstlerisch hochwertig gestalteten Familienwappen geben Sie sich und Ihrem eigenen Lebensraum die ultimative persönliche Note. Es kann eine farbige Wappenscheibe aus Glas sein, die Ihre Wand ziert, oder eine gerahmte Urkunde. Auf jeden Fall wird ein solches Wappen zum Blickfang für jeden Besucher, der Ihre Wohnung betritt.

Aber nicht nur zum „Angeben" ist ein Familienwappen geeignet. Damit können Sie außerdem manch wertvolles Besitztum unverwechselbar kennzeichnen. Schmücken Sie Ihre Familienchronik damit, versehen Sie Ihre Visitenkarten mit Ihrem eigenen Wappen. Auf Firmenlogos und Briefköpfen macht es sich bestimmt ebenfalls gut. Auch auf Buchzeichen, dem guten Familienbesteck und als Siegelring findet ein Familienwappen Verwendung.

Wichtig ist jedoch bei allem, dass Sie sich nicht mit fremden Federn schmücken. Ihr Familienwappen sollte rechtmäßig Ihrer Familie zugehörig sein und in einer angemessenen künstlerischen Ausführung daherkommen. Doch wie soll nun dieses Wappen aussehen?

Wege zum eigenen Wappen

Der erste Punkt, den Sie zu beachten haben, wenn Sie ein eigenes Familienwappen kreieren wollen, ist: Gibt es bereits ein Wappen, das in Ihrer Familie in früheren Zeiten geführt wurde? Um diese Frage zu klären, müssen Sie besonders intensive Forschungen anstellen. Besuchen Sie Archive, Bibliotheken und Museen. Selbstverständlich sind Ihnen auch die genealogischen Vereinigungen bei Ihrer Suche gern behilflich. Allen voran steht hier der Verein „Herold" in Berlin, der über umfangreiche Sammlungen und Register verfügt. Dort kann man Ihnen bestimmt wertvolle Auskünfte geben.

In den meisten Fällen wird die Suche nach einem eventuell überlieferten Wappen allerdings erfolglos bleiben. Zwar stand es schon immer jedem frei, ein Wappen zu führen, aber das wurde in der Geschichte nur von ganz wenigen Familien praktiziert. Während Ihrer Forschungsarbeit stoßen Sie womöglich durchaus auf ein Wappen, das den Namen Ihrer Familie trägt. Doch Achtung! Es ist nicht gesagt, dass Sie auch zur führungsberechtigten Familie gehören. Namensgleichheit bedeutet nicht automatisch Wappengleichheit. Daraus resultiert, dass Sie sich über die Gestaltung eines neuen Wappens selbst ein paar Gedanken machen müssen.

Regeln für die Erstellung eines Wappens

Zunächst einmal müssen Sie darauf achten, dass Ihr neues Familienwappen nicht mit einem bereits existierenden deckungsgleich ist. Auch darf es einem anderen nicht derart ähneln, dass eine Verwechslungsgefahr besteht. Wichtige Richtlinien bei der Kreation eines eigenen Wappens sind die heraldischen Farben, deren Regeln Sie genau einhalten müssen. Die Anzahl der Farben sollte drei nicht überschreiten. Mit der Farblehre der Heraldik befassen wir uns im Kapitel 13.

Neben der Zurückhaltung bei den Farben sollten Sie auch bei der restlichen Gestaltung Ihres Wappens Schlichtheit als oberstes Gebot walten lassen. Vermeiden Sie eine Überhäufung durch Symbole und Zeichnungen. Je einfacher ein Familienwappen gestaltet ist, desto größer ist seine Aussagekraft.

Sie sollten sich bei der Gestaltung des eigenen Wappens auch nicht ausschließlich von Ihrer Fantasie leiten lassen. Gerade einem Laien auf diesem Gebiet kann man die Unterstützung eines Fachmannes nur ans Herz legen. Ein solcher Experte kann ein professioneller Heraldiker sein, aber auch jemand, der in heraldischen Farben Erfahrung hat – ein Historiker, Archivar, Museumsexperte. Auch auf diesem Gebiet können Ihnen die Fachzeitschriften der genealogischen Vereinigungen gute Dienste leisten. Die Vereine bieten Ihnen an, Kontakte zu Berufsheraldikern zu knüpfen. Oder Sie entnehmen den Publikationen Anschriften von Experten, die regelmäßig veröffentlicht werden.

Bevor Sie einen Profi ans Werk lassen, sollten Sie jedoch die Kompetenz Ihres Helfers prüfen. Für die Heraldik gibt es keinen Studien- bzw. Berufsausbildungsgang. Jeder, der sich dazu berufen fühlt, kann Berufsheraldiker werden. Voraussetzungen für diese Tätigkeit sind selbstverständlich zeichnerisches Talent und Können sowie ein fundiertes Grundwissen auf dem Gebiet der Historie, der Genealogie und der Heraldik. Bevor Sie also einen Auftrag erteilen, sollten Sie sich von Ihrem potentiellen Ratgeber Werkproben und sonstige Referenzen geben lassen. So stellen Sie sicher, dass Sie keine bösen Überraschungen erleben. Von einem sollten Sie unbedingt Abstand nehmen: über das neue Familienwappen und seine Gestaltung im großen Kreis diskutieren. Sie kennen sicher das Sprichwort: Viele Köche verderben den Brei. Je mehr Leute also mitreden dürfen, desto mehr Vorschläge und Vorstellungen werden Ihnen zugetragen. Sie können sich denken, dass auf diese Weise das Gebot der Schlichtheit kaum in die Tat umgesetzt werden kann.

Die Motivsuche

Bevor die Frage nach Farbe und detaillierter Aufteilung des Wappens akut wird, müssen Sie sich Gedanken über das Hauptmotiv machen. Dieses kann selbstverständlich aus mehreren Einzelmotiven bestehen, deren Ganzes ein Einheitssymbol bildet. Doch verlieren Sie nie den wichtigsten Grundsatz aus den Augen: Schlichtheit und Übersichtlichkeit. Nur so ist die Aussagekraft Ihres Familienwappens gewährleistet.

Natürlich gibt es die unterschiedlichsten Ansatzpunkte, mit denen Sie beginnen können. Da heißt es, sorgfältig das Für und Wider abwägen. Vor allem: Denken Sie daran, dass das Wappen nicht Ihnen allein gehören soll. Schließlich spricht man von Familienwappen. Eine allzu starke Konzentrierung auf die eigene Person bei der Gestaltung schränkt den Kreis der möglichen Wappenträger in Ihrer Familie extrem ein. Sogar die eigenen Geschwister und deren Nachkommen wären somit ausgeschlossen.

Welche Arten von Wappen gibt es?

- **Die Hausmarke.** Waren in früheren Zeiten in adligen Familien kunstvoll geschmückte Wappen die Regel, so galt dies natürlich nicht für die bürgerlichen oder bäuerlichen Familien. Diese hatten die Möglichkeit, ihr „Haus" mittels eines Zeichens zu repräsentieren – die so genannte Hausmarke. Bei Ihrer Forschungsarbeit in den Tiefen der familiären Historie könnten Sie durchaus auf solch eine Hausmarke treffen. Natürlich gibt es immer wieder streng prinzipientreue Heraldiker, für die ein solches Vorgehen nicht ganz „hasenrein" ist. Jedoch sollten Sie sich davon nicht beirren lassen. Für die Motivwahl eines Familienwappens kann eine Hausmarke durchaus eine Anregung sein.

- **Redende Wappen.** Ein sehr anerkannter Wappentyp ist das so genannte redende Wappen. In ihm steht das Hauptsymbol in enger Beziehung zum Namen des Wappenträgers. Der Dichter Eichendorff hatte in seinem Wappen ein Eichenlaub, bei Münchhausen ist es ein Mönch. Das Wappen der Liliencrons schmückt ein Lilienzepter mit einer Krone. Und die Familie Fichte wählte Fichtenbäume als Motiv ihres Wappens. Eine andere Möglichkeit der Darstellung auf Wappen ist der Hinweis auf den Beruf, der in der Stammlinie eine bedeutende Rolle gespielt hat. Hier ist allerdings Vorsicht geboten. In der Zeit vor der Industrialisierung lebten die meisten Menschen von der Landwirtschaft. Wenn Sie bei Ihren Forschungen auf ein Wappen stoßen, das diese Symbolik in sich trägt, ist es nicht unbedingt sinnvoll, sie bis in unsere heutige Zeit zu übernehmen – es sei denn, Sie sind ebenfalls in der Landwirtschaft tätig. Generell sei aber gesagt, dass berufliche Hinweise in neuen Wappen nur dann Verwendung finden sollten, wenn es sich um besonders bemerkenswerte oder auch seltene Berufe handelt.

Bei der Suche nach einem Motiv ist es auch möglich, Dienstver-
hältnisse des Stammvaters zu einer höhergestellten Persönlichkeit
darzustellen. Auch das Herkunftsgebiet der Familie oder eine Stadt,
in der diese lange ansässig war bzw. ist, kann ein Kriterium sein.
Diese Hinweise können sich farblich darstellen, aber auch durch
einzelne Symbole. Sollten Sie sich für diese Vorgehensweise entscheiden, lassen Sie sich unbedingt von einem erfahrenen Heraldiker beraten. So vermeiden Sie Plagiate oder Zusammenstellungen
von Elementen, die sich historisch grundsätzlich nicht vertragen.

Ein weiterer Gesichtspunkt bei der Motivwahl für ein Familienwappen kann das Schicksal der Familie sein, oder auch die heldenhafte
Tat eines einzelnen Vorfahren. Denken Sie aber daran: Ein Wappen
soll keine ganze Geschichte erzählen, sondern markante Momente
aus dieser hervorheben. Ein oder ein paar wenige Symbole müssen
genügen, um die Ereignisse zu verdeutlichen. Sie erinnern sich:
immer alles schön schlicht halten. Die Gefahr des „Zuviel" besteht
bei dieser Art der Motivwahl natürlich besonders.

Wappenstiftung

Derjenige, der ein Wappen gründet, es gestaltet und einführt, ist
der Wappenstifter. Er vererbt das Recht zum Führen des Wappens
an seine Nachkommen im direkten und ununterbrochenen Mannesstamm. Solange die Töchter noch unverheiratet sind, haben auch
sie ein Recht auf die Führung des Familienwappens. Bei Eheschließung übernimmt die Frau das Wappen ihres Mannes bzw. seiner Vorfahren. Dies entspricht dem heraldischen Gewohnheitsrecht.

Ihre Führungsberechtigung müssen Sie jederzeit und lückenlos
nachweisen können. Dies kann nur durch eine seriöse genealogische Untersuchung erfolgen. Selbst wenn Sie diesen Beweis erbringen konnten, ist es allerdings möglich, dass Sie Ihr Wappen än-

dern müssen. Daher ist es so wichtig, daß sich Ihr Werk von anderen
Familienwappen deutlich unterscheidet. Kann dies nämlich nach-
gewiesen angezweifelt werden, sind Sie dazu verpflichtet, Ihr Wappen zu ändern – eine andere Farbgebung, eine Änderung in der
Verzierung o. Ä. ist dann erforderlich.

Auch auf künstlerischem Gebiet geht es nicht darum, ob Ihnen persönlich das Wappen gefällt. Auch die grafische Umsetzung Ihres
Familienzeichens wird überprüft und für gut oder schlecht befun-
den. Müssen Sie Ihr Wappen ändern, spricht man von Wappenbe-
reinigung. Dazu sollten Sie einen erfahrenen Heraldiker zu Rate
ziehen.

Generell sollten Sie bei der Wappenstiftung, also der Erschaffung
eines neuen Wappens, darauf achten, dass keine Rechte anderer
verletzt werden. Dies wäre der Fall, wenn Sie – wenn auch unge-
wollt – ein Wappenbild zeigen, das bereits eine andere Familie be-
nutzt. Das nennt man den Grundsatz der Ausschließlichkeit. Eine
absolute Sicherheit gibt es hierbei natürlich nicht. Es kann nie-
mand von Ihnen verlangen, dass Sie bei der Gestaltung Ihres Familienwappens sämtliche Pendants im Kopf haben. Das Risiko der
Rechtsverletzung lässt sich aber gering halten, wenn Sie kompetente
Institutionen wie den Berliner „Herold" konsultieren, wo Sie um-
fangreiches Vergleichsmaterial einsehen können.

Wenn Sie die drei Etappen der Wappenkreation hinter sich haben
– also
  • Gestaltung,
  • Begutachtung durch einen Fachmann,
  • Akzeptieren des Wappens durch die Familie –
ist es für Sie natürlich wichtig, dass das Werk auch für kommende
Generationen erhalten bleibt. Hier sollte Sie der erste Weg zum Verein „Herold" nach Berlin führen. Dieser in Deutschland führende
genealogisch-heraldische Fachverein trägt Ihr neues Familienwap-

pen in die „Deutsche Wappenrolle" ein. Der „Herold" verfügt über ein umfassendes Register mit Wappennachweisen. Hier sind Sie auch an der richtigen Stelle, um nachzuprüfen, ob Sie beim Gestalten die Regeln der Heraldik eingehalten haben und ob es nicht bereits ein ähnliches oder gar gleiches Wappen gibt.

Sollte sich Berlin nicht in Ihrem Wirkungskreis befinden – es bestehen mehrere kommerzielle Wappenrollen und Wappenforschungsinstitute auf regionaler Ebene. Hier müssen Sie allerdings mit einer Bearbeitungs- und Eintragungsgebühr rechnen, da bei diesen Vereinigungen die Erwirtschaftung von Gewinn im Mittelpunkt steht. Preiswerter kommen Sie da schon bei den von Vereinen unterhaltenen Wappenrollen davon.

Ist Ihr Familienwappen endgültig eingetragen, können Sie sicher sein, dass keine der Prüfinstanzen etwas an der Gestaltung auszusetzen hatte. Nun können Sie endlich von Ihrem Markenzeichen Gebrauch machen. Ihr Wappen kann jetzt Ihren Briefkopf schmücken, Ihre Visitenkarten und vieles mehr. Besonders bei Firmen mit großer Familientradition finden Sie immer wieder Wappen in deren Werbungen. Vor allem Weinbauer zieren ihre Flaschenetiketten gern damit.

Ihr Familienwappen kann auch die Vorlage zu einem Familiensiegel sein. Wenn Sie mit einem solchen Siegel Ihre Briefe beenden, zeigen Sie auf eindrucksvolle Art und Weise, dass Sie mit Recht stolz auf Ihre Familie sind.

Kapitel 12

Kleine Wappenkunde

Die Heraldik ist – ebenso wie die Genealogie – eine Hilfswissenschaft der Geschichte. Sie beschäftigt sich mit Wappen und gliedert sich in verschiedene Untergruppen: Wappenlehre, Wappenkunst und Wappenrecht. Aber nicht nur die Genealogie hängt eng mit den Forschungsbemühungen der Heraldiker zusammen. Es gibt diverse Berührungspunkte mit der Namenkunde, der Zeitrechnungskunde, der Schriftkunde und weiteren verwandten Spezialwissenschaften – und natürlich mit der Genealogie. Insbesondere letztere ist für den Heraldiker unverzichtbar.

Die Geschichte der Heraldik

Der Name „Heraldik" hat seinen Ursprung in der Kunst der Herolde. Das waren Beamte am Hof, die das Hofzeremoniell, die Turnierordnung überprüften und darauf achteten, dass die teilnehmenden Ritter auch „turnierfähig", das heißt von edlem Blute waren. Diese Hofbeamten hatten ebenfalls die Aufgabe, auf Reisen und Feldzügen ihren Herren voraus zu reiten. Mit der Zeit schufen die Herolde ein System des Wappenwesens. Sie legten Verzeichnisse (Wappenbücher) an, schrieben Bücher über Wappen und Turnierdichtungen.

Das Wort „Wappen" findet seinen Ursprung in dem Ausdruck „wa-
pen" (=Waffen). Wappen sind farbig gestaltete Kennzeichen einer
Familie, eines Gemeinwesens (Stadt, Gemeinde, Staat usw.) oder
einer Körperschaft (etwa eines Vereins). Unveränderlichkeit und
Vererbbarkeit waren das Hauptwesen eines Wappens. Vorbild der
Gestaltung waren die mittelalterlichen Schutzschilde und Helme.
Aus diesem Grund hat ein Wappen auch zwei Hauptbestandteile:

• den Schild mit der eigentlichen Symbolik und
• das so genannte Oberwappen mit Helm,
  Helmdecke und Helmzier.

Während die Wappen von Kommunen und Gemeinden meist nur
den Schild zeigen, findet man auf den Familienwappen in der Regel
nach wie vor Schild und Oberwappen.

Wissenschaftler begannen sich bereits im 14. Jahrhundert mit der
Heraldik zu beschäftigen und versuchten, die Systematik dieser
Wissenschaft zu verfeinern. Die ersten Texte heraldischen Inhalts,
die bekannt wurden, stammen von Bartolus de Sassoferrato (1314
bis 1357). Er war Rechtslehrer aus Perugia in Italien. Auch der
thüringische Priester Johannes Rothe (1360 – 1434) gehörte zu den
„Pionieren" der Heraldik.

Auf der Arbeit Sassoferratos gründet sich eine Schrift, die der Züri-
cher Chorherr Felix Hemmerlein um 1440 verfasste: „De nobilita-
te et rusticitate", in der er der Wappenlehre ein besonderes Kapitel
widmet. Das erste Buch in gedruckter Form zu diesem Thema erschien 1480 in England. Die Einteilung des Wappenschildes war
zum ersten Mal Thema in den „Unterhaltungen über die Herolds-
kunst" des Nürnberger Ratsherrn Georg Philipp Harsdörffer (1607
bis 1658). Er führte auch eine Anzahl heraldischer Fachausdrücke
in die deutsche Literatur ein, die schon zuvor in der französischen
Heraldik eine gewichtige Rolle spielten.

Im 16. und 17. Jahrhundert fand man zahlreiche theoretische Werke und Wappenbücher vor. Die richtige wissenschaftliche Heraldik jedoch entwickelte sich erst in der zweiten Hälfte des 17. Jahrhunderts. Und im 18. Jahrhundert hielt die Heraldik Einzug in die Hochschulen. 1705 gründete König Friedrich I. von Preußen den ersten Lehrstuhl für Heraldik. Erster Professor wurde sein heraldischer Berater, Christian Maximilian Spener. Die Universität Leipzig zog 1711 mit dem nächsten Lehrstuhl nach, weitere deutsche Hochschulen folgten diesem Beispiel.

Die Entstehung der ersten Wappen

Wappen, wie die Heraldik sie kennt, entstanden erstmals etwa in der zweiten Hälfte des 12. Jahrhunderts. Vorläufer dürfte es allerdings schon sehr viel früher gegeben haben – zu Zeiten der alten Griechen, Römer, Germanen und Kelten. Damals jedoch waren die Ur-Wappen weder unveränderlich noch vererbbar. Das Führen von Wappen entstand aus einer fast schon kuriosen Notwendigkeit heraus: Noch im 10. und 11. Jahrhundert war es ausreichend, wenn der Ritter ein Kettenhemd und die so genannte Beckenhaube als Schutz trug. Das Gesicht blieb frei. Im Laufe des 12. Jahrhunderts wurden die Zeiten immer kriegerischer, und mehr Teile des Körpers mussten vor dem Feind geschützt werden. Hinzu kamen diverse Schienen und Platten, und nun wurde auch der Kopf mit einem Kübelhelm versehen. Die Folge: Freund und Feind waren nicht mehr oder nur schwer zu unterscheiden! Also begann man, die Schilde unterschiedlich farblich zu gestalten – das Wappen war geboren.

Im Spätmittelalter wurde das Schießpulver erfunden. Helm, Schild, ja, die ganze Rüstung eines Ritters war gegen die neuen Schusswaffen machtlos. Das Wappen aber überlebte trotzdem. Inzwischen war es nämlich fester Bestandteil der ritterschaftlichen und fürst-

lichen Siegel geworden. Auch Flaggen und Banner der herrschaftlichen Familien waren damit geschmückt. Als Merkmal der Iden-
tifizierung von wichtigen Familien war das Wappen also unent-
behrlich geworden.

Bis zum 14. Jahrhundert war das Wappen ausnahmslos adligen
Personen vorbehalten. Danach jedoch konnten auch Nichtadligen
Wappen verliehen werden, wenn sie sich durch besondere Verdienste
ausgezeichnet hatten. Meist war auch das Adelsprädikat Bestandteil der Verleihung. Diesen Brauch übte man bis zum Ende der
deutschen Monarchie 1918 aus. In Ländern mit monarchistischer
Staatsform, beispielsweise in Großbritannien, hat er sich sogar bis
heute erhalten.

Vor allem das Patriziat in den Städten fühlte sich dem Adel aufgrund seiner steigenden wirtschaftlichen Macht und seines Reich-
tums ebenbürtig. Die Zünfte wurden immer stärker und bedeuten-
der, und so begann mancher Bürger, sich ein eigenes Wappen zuzulegen. Häufig wurde die Hausmarke (siehe vorhergehendes Kapitel) in das Wappen übernommen, das dann noch mit einem
Oberwappen versehen wurde. Ähnlich handelten die wenigen freien
Bauern im Norden und Süden des Deutschen Reiches.

Eines hat sich bis heute nicht geändert: Die Annahme eines Wappens war und ist frei. Es bedurfte nie einer Genehmigung irgend einer Obrigkeit. Die Heraldik erlebte ihre Blütezeit zwischen dem 12.
Jahrhundert und dem Ende der Renaissance. In den folgenden drei
Jahrhunderten vernachlässigte man das Wappenwesen derart, dass
man von „Verwildern" sprach. Erst im 19. Jahrhundert besann man
sich wieder im Zuge der Wiederentdeckung mittelalterlicher Werte
der Heraldik. Zu dieser Zeit entstanden die ersten heraldischen Vereine. Wappen der Gotik und der Frührenaissance wurden als Norm
festgelegt. Auch die alten Farbregeln und die Terminologie wurden

wieder entdeckt. Und diese Richtlinien für die Gestaltung und Annahme von Familienwappen gelten heute noch.

Wappenrecht

Seit es in der Bundesrepublik das jetzige Namensrecht gibt, steht
die Frage nach der Führungsberechtigung eines Wappens im Raum.
Das BGB (Bürgerliches Gesetzbuch) kennt zwar keinen speziellen
Hinweis darauf, gewisse Normen allerdings gelten trotzdem. Da es
das Problem der Führungsberechtigung schon seit Urzeiten gibt,
werden diesbezügliche Fragen aus dem so genannten heraldischen
Regelbuch beantwortet. Diese Regeln sind über die Jahrhunderte
entstanden und sind gewohnheitsrechtlich verankert.

Grundsätzlich lehnt sich das Wappenrecht dabei an das Namensrecht an. Wappen müssen wie Familiennamen als Folgerung des
allgemeinen Persönlichkeitsrechtes angesehen werden. Daraus
folgt, dass derjenige, der ein Wappen rechtmäßig führt, einem anderen, der dieses unrechtmäßig führt, die Weiterführung unterbin-
den kann. Prinzipiell ist geregelt, dass alle Nachkommen des Wap-
penstifters das Recht haben, dasselbe Familienwappen zu führen,
wenn sie im direkten und ununterbrochenen Mannesstamm – wie
man sagt: „zur ganzen Hand" – stehen. Vergleichbar ist dies mit
einer Erbengemeinschaft. Somit sind auch die direkten weiblichen
Nachkommen mit eingeschlossen, solange sie unverheiratet bleiben.

Das Recht zur Wappenführung wird also auf folgende Arten weitergegeben:
- durch eheliche Abstammung
- durch nichteheliche Abstammung,
  wenn eine Ehelichkeitserklärung erfolgt

- wenn ein Führungsberechtigter das Führungsrecht von sich aus ausdehnt.

Wenn Sie Ihr Führungsrecht bewahren wollen, ist es ratsam, das neu angenommene Familienwappen zu veröffentlichen. Am Begriff „Wappenführung" können Sie ja bereits erkennen, dass es mit der bloßen Annahme nicht getan ist. Durch den Willen, das Wappen auch zu benutzen, demonstrieren Sie in aller Deutlichkeit den Anspruch auf das Wappen.

Arten von Wappen

Historisch unterscheidet man die folgenden Wappengattungen:
- Das **Urwappen** wird seit alters her von adligen Familien geführt. Auch Wappen der Kriegs- und Turnierheraldik fallen darunter.
- **Kanzleiwappen** heißen so, weil sie von herrschaftlichen Kanzleien ausgefertigt wurden. Die Verleihung eines Wappens bzw. Adelstitels etwa durch das englische Königshaus nennt man Kanzleiheraldik.
- **Briefwappen** wurden seit dem 14. Jahrhundert durch so genannte Wappenbriefe verliehen. Sie konnten auch bürgerliche Familien, die nicht in den Adelsstand erhoben wurden, erhalten. Vor allem im ausgehenden Mittelalter ahmten freie Bürger die Lebensweise adliger Familien nach und erkauften sich solche Briefwappen vom Landesherrn.
- **Bauernwappen** kannte man beispielsweise in Niedersachsen im Mittelalter. Es gab dort viele freie Bauern, die ihren Grund und Boden bestellten, ohne Leibeigene zu sein. Man nannte dies „Freibauerntum", und so mancher legte sich kurzerhand ein eigenes Wappen zu.

Kapitel 13

Die Regeln der Wappenkunde

Die beiden Grundbestandteile eines Wappens sind der Helm und das Schild. Auf letzterem befindet sich das eigentliche Wappenbild, und der Helm bildet das Oberwappen.

Auf den Wappen der Städte und Gemeinden ist das Oberwappen mittlerweile verschwunden. Das liegt daran, dass Wappen für Kommunen zum größten Teil erst in der jüngeren Vergangenheit entstanden. Bei Familienwappen und teilweise auch bei Staatswappen ist das Oberwappen hingegen noch durchaus gebräuchlich, da zum Beispiel Adelsfamilien auf eine sehr lange Tradition zurückblicken.

Beim Stöbern in Ihrer Familiengeschichte ist Ihnen vielleicht sogar tatsächlich ein Wappen untergekommen. Ist dies nicht der Fall, spielen Sie mit dem Gedanken, ein eigenes Wappen führen zu wollen? Dann sollten Sie sich mit einigen Grundregeln der Heraldik beschäftigen und diese auch einhalten.

Farbregeln

Die Farben spielen in der Wappenkunde eine sehr wichtige Rolle. Es gibt sogar Wappen, die nur mit Farben ausgestattet sind – ohne Personen, ohne Verzierungen, ohne Symbole. Aber ein Wappen ohne Farbe – das gibt es nicht. Wenn Sie sich Ihr eigenes Familienwappen gestalten wollen, ist die Farbwahl von größter Bedeutung. Die Heraldiker kennen sechs Farben. Diese wiederum werden in „echte Farben" und „Metall" unterteilt:

- Zu den ersteren zählen Rot, Grün, Blau und Schwarz.
- Weiß (heraldisch: Silber) und Gelb (heraldisch: Gold) zählen zu den „Metallen".
- Manchmal wird auch die Mischfarbe Blaugrau für Helme im Oberwappen oder Zeichnungen von Wappen und Werkzeugen im Schildbild verwendet.
- Fleischfarben sind den Darstellungen menschlicher Körperteile vorbehalten.

Oft werden Wappen nicht in Farbe dargestellt. Also hat man sich bei den Kupferstechern umgesehen und schaute sich ein besonderes Schraffursystem ab, um Buntes zu kennzeichnen:

- Senkrechte Linien zeigen *Rot* an.
- Waagrechte Linien stehen für *Blau*.
- *Grün* wird diagonal von links oben nach rechts unten dargestellt.
- Ein Gitter oder einfach Schwarz bedeutet *Schwarz*.
- *Gold* ist gepunktet und
- *Silber* ist weiß und zeigt keine Schraffur.
- Hin und wieder taucht die Farbe *Purpur* auf. Sie steht für höchste weltliche und geistliche Macht und wird durch diagonale, von rechts oben nach links unten verlaufende Linien verdeutlicht.

All diese Farben haben natürlich ihre besondere Bedeutung in der höfischen Dichtung und auch in der Volkskunde. Wenn Sie einen Berufsheraldiker darauf ansprechen, wird er allerdings abwinken. Außerdem ist den einzelnen Farben jeweils ein Edelstein zugeordnet.

- *Rot* bedeutet Liebe, Stärke und Mut und hat den Rubin zur Seite.
- *Blau* gehört zum Saphir und steht für Ehre, Treue und Ruhm.

- *Grün* steht für Freiheit, Hoffnung und Gesundheit,
  die den Smaragd als Partner haben.
- Der Diamant gehört zu *Schwarz*. Diese Farbe steht für Tod,
  Trauer und Festigkeit.
- *Gold* entspricht dem Topas sowie Reichtum,
  Hoheit und Herrlichkeit.
- Reinheit, Unschuld und Weisheit sowie die Perle
  gehören zu *Silber*.

Gehen Sie nach den strengen heraldischen Regeln vor, so dürfen Sie in Ihrem Wappen nur zwei Farben haben, eine „echte" und ein „Metall". Einfarbige Wappen existieren nicht. Wenn die Gestaltung es vorschreibt, müssen Sie natürlich mehr als zwei Farben verwenden. Manche Wappen zeigen mehrere Felder mit jeweils eigenen Schildfiguren.

Die Fachsprache der Heraldik

Um ein Wappen genau zu charakterisieren, hat die Heraldik eine eigene Sprache entwickelt. Ein erfahrener Heraldiker kann anhand dieser Begriffe das Wappen sofort erkennen, ganz versierte können es sogar nachzeichnen. Die wichtigsten Begriffe finden Sie nachstehend:

- *Gemeine Figuren:* Sie haben Vorbilder in der Natur. Darunter fallen Menschen, Tiere, menschliche und tierische Körperteile, Fabelwesen, Bauwerke, Bäume und Blumen, Waffen, Werkzeuge, Himmelskörper (Mond, Sonne, Sterne), Gewässer. Gemeine Figuren dürfen die Seitenränder nicht berühren und stehen frei im Schildfeld. In den meisten Fällen werden sie im Profil nach rechts dargestellt. Um das Wappen nicht unübersichtlich zu machen, sollten Sie nicht mehr als drei gemeine Figuren verwenden.

- *Heroldsbilder:* Diese sind nicht etwa gegenständlich, sondern abstrakter Natur. Wenn ein Schild geometrisch unterteilt ist, spricht man von Heroldsbildern.
- *Einfache Teilung:* Das beschreibt die Teilung des Schildes von rechts nach links.
- *Einfache Spaltung:* Wenn ein Heroldsbild von oben nach unten in zwei Felder geteilt ist.
- Man kennt noch ein paar andere Teilungsvarianten: *schräge Teilung, bogenförmige Teilung, drei-* und *mehrfache Teilung* oder *Spaltung* sowie *Vierung.*

Gemeine Figuren und Heroldsbilder können Sie auch gleichzeitig verwenden, beispielsweise in einem gespaltenen Schild. Auch müssen nicht alle Felder in einem Schild belegt sein. Sie können verziert sein oder auch leer.

Für die Beschreibung eines Wappens bedient sich der Heraldiker der *Blasonierung.* Folgende Reihenfolge muss eingehalten werden:
- Als erstes wird der Schild beschrieben. Ganz wichtig: Links und Rechts ist nicht vom Auge des Betrachters her gesehen, sondern vom Schildträger. Sie müssen sich also daran gewöhnen, seitenverkehrt zu denken. Die rechte Seite des Wappens (also die, die Sie als linke sehen), nennt man auch „vorne". Sie wird zuerst beschrieben. Denken Sie auch immer daran: rechts und oben wird vor links und unten beschrieben.
- Als zweites wird der Helm beschrieben. Wenige Angaben über die Form sind hier ausreichend: Handelt es sich um einen Stechhelm, einen Kübelhelm, einen Topfhelm oder einen Bügelhelm? Ist auf der Kopfbedeckung eine Helmwulst oder eine -krone, wird auch dies erwähnt. Sollte das Oberwappen mehrere Helme enthalten, so beschreiben Sie sie von rechts nach links.

- Dann wird die Helmzier beschrieben. Farbe und Form kommen zuerst. Es kann sein, dass mehrere Figuren vorhanden sind. In diesem Fall beginnen Sie mit der Hauptfigur.
- Danach beschreiben Sie die Helmdecke. Die Aufgabe der Innen- und Außenseiten ist hier besonders wichtig.
- Sind am Wappen Nebenteile vorhanden, so beschreibt man diese zuletzt. Das kann eine Kette sein oder besonderer Zierrat.

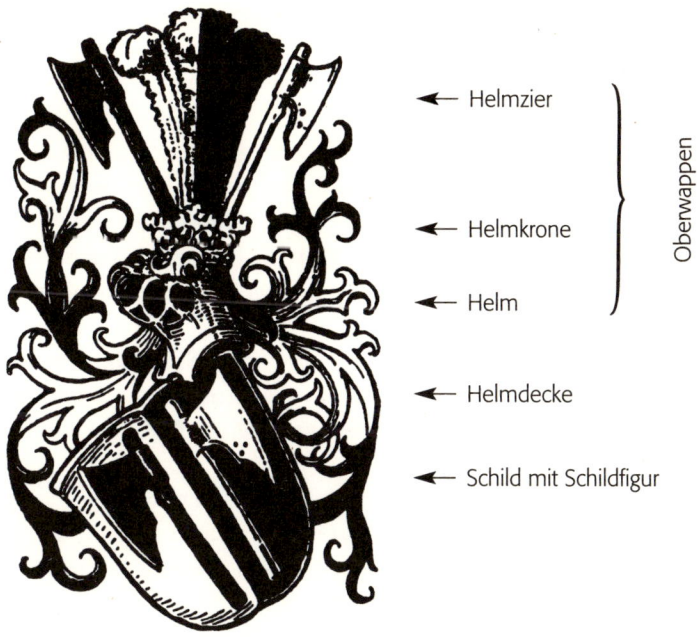

← Helmzier

← Helmkrone

← Helm

Oberwappen

← Helmdecke

← Schild mit Schildfigur

Wappengruppen

Die Heraldik hat unterschiedliche Wappengruppen eingeteilt:

- *redende Wappen:* Sie geben Auskunft über den Namen des Wappenführers. Ein berühmtes Beispiel ist der Bär im Berliner Stadtwappen. Auch der Aal im Wappen von Aalen liegt da nahe.

- *Allianzwappen:* Das sind Wappen, die durch den Zusammenschluss zweier Wappen tragender Familien entstanden sind – zum Beispiel durch Heirat. Hier kann man beide Wappenschilde nebeneinander sehen. Manchmal sind diese auch leicht einander zugeneigt. Heraldisch auf der rechten Seite steht dabei das Wappen des Mannes. Dargestellt wird es seitenverkehrt – also dem Wappen der Frau zugeneigt.

- *Landeswappen:* Sie werden auch Staatswappen genannt. Im Deutschen Reich waren sie bis 1918 die Regel. In den Landeswappen fasste man alle Gebiete zusammen, die ein Wappen besaßen. Spätestens hier war's mit der Übersichtlichkeit natürlich vorbei: Es gab Wappen, die über 20 Felder aufzuweisen hatten.

- *Anspruchswappen:* In den Feldern von Staatswappen sind manchmal Anspruchswappen zu sehen. Sie stehen für die Gebiete, die nicht zu diesem Staat gehörten, auf die der Herrscher aber Anspruch erhob.

- *Heimgefallene Wappen:* Starb eine wappentragende Familie aus, ist deren Wappen in den Besitz des Landesfürsten zurückgefallen, der das Wappen einst verliehen hatte. An Personen, die mit dem ursprünglichen Träger eng verwandt waren (aus einer Seitenlinie), konnten diese Wappen weitergegeben werden.

- *Gemeinschaftswappen:* So bezeichnet man Wappen, die von juristischen Personen geführt werden. Dazu zählen Wappen der geistlichen und weltlichen Orden sowie die von Ritterrunden und Zünften.

- *Amtswappen* sind Wappen, die von deutschen Bundesländern, von Gemeinden und Landkreisen geführt werden. Ihr Missbrauch ist strafbar, da sie rechtlich geschützt sind. Amtswappen kennen Sie bestimmt von öffentlichen Dokumenten und Urkunden.

- Unter Amtswappen fallen auch die Wappen von Bischöfen und Äbten. Statt einer Krone ist eine Bischofsmütze oder ein Kardinalshut zu sehen. Trotzdem gibt es eine Krone in einem kirchlichen Wappen – allein der Papst darf es führen.

- Erst in der jüngsten Vergangenheit entstanden die *Gemeindewappen*. Aus diesem Grund können Sie manchmal für Wappen ungewöhnliche Motive entdecken. Ein Beispiel: Erst in den 60er Jahren entstand der Mainzer Stadtteil Lerchenberg. Er ist Sitz des Zweiten Deutschen Fernsehens. Und genau dieses Emblem befindet sich im Lerchenberger Gemeindewappen. Aber trotzdem sind die Regeln der Heraldik einzuhalten, und auch neu gestaltete Wappen dieser Gattung müssen die historischen Ereignisse in angemessener Form wiedergeben.

Ein Sonderfall: Die Hausmarke

Den Begriff Hausmarke kennen Sie schon: Hausmarken reichen sehr nahe an Wappen heran, sind ihrer Bedeutung nach aber keine echten Wappen. In älteren Gebäuden findet man häufig diese Haus- und Hofmarken. Meist befinden sie sich über dem Türrahmen. Es kann sein, dass Sie bei Ihrer Forschungsreise durch die Geschichte Ihrer Familie auf Hausmarken stoßen. Daraus können Sie wertvolle Informationen schöpfen. Hausmarken, die man übrigens manchmal auch als Unterschrift benutzte, waren vererbbar. Im Gegensatz zu echten Wappen gingen sie jedoch immer nur in den Besitz des Stammhalters über, also stets auf den ältesten Sohn. Gab es jüngere männliche Nachkommen, mussten diese ihre Hausmarke ändern, denn sie hatten sich vom Stammhalter ab jetzt zu unterscheiden.

In den Siedlungen des Mittelalters war es üblich, dass Handwerker ihre Hausmarke als Gütezeichen verwendeten. Sie wurden auf Rüstungen und Waffen angebracht. Ab dem 15. Jahrhundert änderte sich die Form dieser Hausmarken allmählich, sodass sie immer mehr die Form eines Schildes hatten. So „mutierten" sie langsam aber sicher zu einem Wappen, ohne dass sie es letztendlich wurden. In Wappen von bürgerlichen Familien, die ein solches gestiftet bekamen, befinden sich oft Hausmarken.

Französischer Revolutionskalender

Der Republikanische Kalender (auch: Französischer Revolutionskalender) wurde infolge der Französischen Revolution von 1789
geschaffen. Am 15. Juli 1789, einem Tag nach Erstürmung der Bas-
tille, wurde das Jahr I der Freiheit *(An I de la liberté)* ausgerufen.
Da ansonsten der Gregorianische Kalender beibehalten wurde, dau-
erte dieses „Jahr" nur 5 $\frac{1}{2}$ Monate. Der 1. Januar 1790 war der Beginn des Jahres II der Freiheit. Das Jahr besaß gemäß dem Französischen Revolutionskalender 12 Monate zu 30 Tagen mit 3 Dekaden
(10 Tagen). Dazu kamen 5 (in Schaltjahren 6) Ergänzungstage.

Tage

Die zehn Tage der Dekaden wurden durchgezählt:
- Primidi
- Duodi
- Tridi
- Quartidi
- Quintidi
- Sextidi
- Septidi
- Octidi
- Nonidi
- Decadi

Monate

Die 12 Monate des Republikanischen Kalenders waren in vier
jahreszeitliche Gruppen eingeteilt, beginnend mit dem Jahrestag
der Revolution als erstem Tag des Jahres:

Herbstmonate (auf *-aire* endend)
- Vendémiaire – zu lat. *vindemia* „Weinlese":
  22. September – 21. Oktober
- Brumaire – zu franz. *brume* „Nebel":
  22. Oktober – 20. November
- Frimaire – franz. *frimas* „Raureif":
  21. November – 20. Dezember

Wintermonate (auf *-ôse* endend)
- Nivôse – zu lat. *niv-* „Schnee":
  21. Dezember – 19. Januar
- Pluviôse – zu lat. *pluvia* „Regen":
  20. Januar – 18. Februar
- Ventôse – zu franz. *vent* „Wind":
  19. Februar – 20. März

Frühlingsmonate (auf *-al* endend)
- Germinal – zu lat. *Germin-* „Keim":
  21. März – 19. April
- Floréal – zu lat. *flor-* „Blume":
  20. April-19. Mai
- Prairial – zu franz. *prairie* „Wiese":
  20. Mai – 18. Juni

Sommermonate (auf *-idor* endend)
- Messidor – zu lat. *messis* „Ernte":
  19. Juni – 18. Juli

- Thermidor – zu griech. *thermós* „warm":
  19. Juli – 7. August
- Fructidor – zu lat. *fructus* „(Feld-)Frucht":
  18. August – 16. September

Übergangstage

Die sechs Übergangstage am Jahresende (**Sansculottiden** genannt),
waren Feiertage:
- Jour de la vertu (17. September, ab 1800 18. September)
- Jour du génie (18. September, ab 1800 19. September)
- Jour du travail (19. September, ab 1800 20. September)
- Jour de l'opinion (20. September, ab 1800 21. September)
- Jour des récompenses (21. September, ab 1800 22. September)
- Jour de la révolution (nur in Schaltjahren; 22. September
  1795/1799 und 23. September 1803)

Umrechnungstafel zwischen
Gregorianischem und Republikanischem Kalender

Diese Übersicht dient zur Umrechnung eines Datums des Republikanischen Kalenders der Französischen Revolution in den Gregorianischen Kalender und umgekehrt. Es ist nur der Zeitraum der Gültigkeit des Republikanischen Kalenders erfasst.

Beispiele:

Gesucht: **18. Brumaire VIII**

1. Suchen Sie in der Jahrestafel in der Spalte des Brumaire die Zeile für das Jahr VIII. Dort steht die Jahreszahl (**1799**).
2. Der Buchstaben am unteren Ende dieser Spalte ist „B".
3. Gehe zur Tagestafel für den Brumaire zur Spalte für den 18. In der Zeile „B" steht die Tageszahl (**9.**)
4. Die in Frage kommenden gregorianischen Monate (Oktober/ November) stehen an der linken Seite der Tabelle.
5. Da der 9. in der Zeile „B" nach dem Monatswechsel ist, kommt der zweite Monat in Betracht (**November**).

Ergebnis: **9. November 1799.**

Gesucht: **2. Dezember 1804**

1. Der 2. Dezember steht in der Tagestafel für den **Frimaire.**
2. In der Jahrestafel in der Spalte des Frimaire steht das Jahr 1804 in der Zeile des Jahres **XIII.**
3. Der Buchstabe am unteren Ende der Spalte ist „B".
4. Gehe in der Tagestafel für den Frimaire in Zeile „B" bis zum 2. Dezember. Dieser steht in der Spalte für den **11.**

Ergebnis: **11. Frimaire XIII.**

Jahrestafel

Rep. Jahre	Vendémiaire Brumaire Frimaire			Nivôse			Pluviôse			Ventôse				Übrige Monate		Sansculottiden			
	A	B	C	A	B	C	A	B	C	A	B	C	D	A	B	A	B	C	D
I	1792			1792 1793			1793			1793				1793		1793			
II	1793			1793 1794			1794			1794				1794		1794			
III	1794			1794 1795			1795			1795				1795			1795		
IV		1795			1795 1796			1796			1796			1796		1796			
V	1796			1796 1797			1797			1797				1797		1797			
VI	1797			1797 1798			1798			1798				1798		1798			
VII	1798			1798 1799			1799			1799				1799			1799		
VIII		1799			1799 1800			1800				1800			1800			1800	
IX		1800			1800 1801			1801				1801			1801			1801	
X		1801			1801 1802			1802				1802			1802			1802	
XI		1802			1802 1803			1803				1803			1803				1803
XII			1803			1803 1804			1804			1804		1804			1804	
XIII		1804			1804 1805			1805				1805			1805			1805	
XIV		1805			1805														

Quelle: Wikipedia, Die freie Enzyklopädie. Bearbeitungsstand: 2. Januar 2006, 13:35 UTC. URL:
http://de.wikipedia.org/w/index.php?title=Franz%C3%B6sischer_Revolutionskalender&oldid=12188159 (Abgerufen: 3. Januar 2006, 21:51 UTC)

Tagestafel Vendémiaire

Vendémiaire	1.	2.	3.	4.	5.	6.	7.	8.	9.	10.	11.	12.	13.	14.	15.	16.	17.	18.	19.	20.	21.	22.	23.	24.	25.	26.	27.	28.	29.	30.
A	22.	23.	24.	25.	26.	27.	28.	29.	30.	1.	2.	3.	4.	5.	6.	7.	8.	9.	10.	11.	12.	13.	14.	15.	16.	17.	18.	19.	20.	21.
Sep/Okt B	23.	24.	25.	26.	27.	28.	29.	30.	1.	2.	3.	4.	5.	6.	7.	8.	9.	10.	11.	12.	13.	14.	15.	16.	17.	18.	19.	20.	21.	22.
C	24.	25.	26.	27.	28.	29.	30.	1.	2.	3.	4.	5.	6.	7.	8.	9.	10.	11.	12.	13.	14.	15.	16.	17.	18.	19.	20.	21.	22.	23.

Tagestafel Brumaire

Brumaire	1.	2.	3.	4.	5.	6.	7.	8.	9.	10.	11.	12.	13.	14.	15.	16.	17.	18.	19.	20.	21.	22.	23.	24.	25.	26.	27.	28.	29.	30.
A	22.	23.	24.	25.	26.	27.	28.	29.	30.	31.	1.	2.	3.	4.	5.	6.	7.	8.	9.	10.	11.	12.	13.	14.	15.	16.	17.	18.	19.	20.
Okt/Nov B	23.	24.	25.	26.	27.	28.	29.	30.	31.	1.	2.	3.	4.	5.	6.	7.	8.	9.	10.	11.	12.	13.	14.	15.	16.	17.	18.	19.	20.	21.
C	24.	25.	26.	27.	28.	29.	30.	31.	1.	2.	3.	4.	5.	6.	7.	8.	9.	10.	11.	12.	13.	14.	15.	16.	17.	18.	19.	20.	21.	22.

Tagestafel Frimaire

Frimaire	1.	2.	3.	4.	5.	6.	7.	8.	9.	10.	11.	12.	13.	14.	15.	16.	17.	18.	19.	20.	21.	22.	23.	24.	25.	26.	27.	28.	29.	30.
A	21.	22.	23.	24.	25.	26.	27.	28.	29.	30.	1.	2.	3.	4.	5.	6.	7.	8.	9.	10.	11.	12.	13.	14.	15.	16.	17.	18.	19.	20.
Nov/Dez B	22.	23.	24.	25.	26.	27.	28.	29.	30.	1.	2.	3.	4.	5.	6.	7.	8.	9.	10.	11.	12.	13.	14.	15.	16.	17.	18.	19.	20.	21.
C	23.	24.	25.	26.	27.	28.	29.	30.	1.	2.	3.	4.	5.	6.	7.	8.	9.	10.	11.	12.	13.	14.	15.	16.	17.	18.	19.	20.	21.	22.

Tagestafel Nivôse

Nivôse	1.	2.	3.	4.	5.	6.	7.	8.	9.	10.	11.	12.	13.	14.	15.	16.	17.	18.	19.	20.	21.	22.	23.	24.	25.	26.	27.	28.	29.	30.
A	21.	22.	23.	24.	25.	26.	27.	28.	29.	30.	31.	1.	2.	3.	4.	5.	6.	7.	8.	9.	10.	11.	12.	13.	14.	15.	16.	17.	18.	19.
Dez/Jan B	22.	23.	24.	25.	26.	27.	28.	29.	30.	31.	1.	2.	3.	4.	5.	6.	7.	8.	9.	10.	11.	12.	13.	14.	15.	16.	17.	18.	19.	20.
C	23.	24.	25.	26.	27.	28.	29.	30.	31.	1.	2.	3.	4.	5.	6.	7.	8.	9.	10.	11.	12.	13.	14.	15.	16.	17.	18.	19.	20.	21.

Tagestafel Pluviôse

Pluviôse		1.	2.	3.	4.	5.	6.	7.	8.	9.	10.	11.	12.	13.	14.	15.	16.	17.	18.	19.	20.	21.	22.	23.	24.	25.	26.	27.	28.	29.	30.
	A	20.	21.	22.	23.	24.	25.	26.	27.	28.	29.	30.	31.	1.	2.	3.	4.	5.	6.	7.	8.	9.	10.	11.	12.	13.	14.	15.	16.	17.	18.
Jan/Feb	B	21.	22.	23.	24.	25.	26.	27.	28.	29.	30.	31.	1.	2.	3.	4.	5.	6.	7.	8.	9.	10.	11.	12.	13.	14.	15.	16.	17.	18.	19.
	C	22.	23.	24.	25.	26.	27.	28.	29.	30.	31.	1.	2.	3.	4.	5.	6.	7.	8.	9.	10.	11.	12.	13.	14.	15.	16.	17.	18.	19.	20.

Tagestafel Ventôse

Ventôse		1.	2.	3.	4.	5.	6.	7.	8.	9.	10.	11.	12.	13.	14.	15.	16.	17.	18.	19.	20.	21.	22.	23.	24.	25.	26.	27.	28.	29.	30.
	A	19.	20.	21.	22.	23.	24.	25.	26.	27.	28.	1.	2.	3.	4.	5.	6.	7.	8.	9.	10.	11.	12.	13.	14.	15.	16.	17.	18.	19.	20.
Feb/Mrz	B	20.	21.	22.	23.	24.	25.	26.	27.	28.	29.	1.	2.	3.	4.	5.	6.	7.	8.	9.	10.	11.	12.	13.	14.	15.	16.	17.	18.	19.	20.
	C	20.	21.	22.	23.	24.	25.	26.	27.	28.	1.	2.	3.	4.	5.	6.	7.	8.	9.	10.	11.	12.	13.	14.	15.	16.	17.	18.	19.	20.	21.
	D	21.	22.	23.	24.	25.	26.	27.	28.	1.	2.	3.	4.	5.	6.	7.	8.	9.	10.	11.	12.	13.	14.	15.	16.	17.	18.	19.	20.	21.	21.

Tagestafel Germinal

Germinal		1.	2.	3.	4.	5.	6.	7.	8.	9.	10.	11.	12.	13.	14.	15.	16.	17.	18.	19.	20.	21.	22.	23.	24.	25.	26.	27.	28.	29.	30.
	A	21.	22.	23.	24.	25.	26.	27.	28.	29.	30.	31.	1.	2.	3.	4.	5.	6.	7.	8.	9.	10.	11.	12.	13.	14.	15.	16.	17.	18.	19.
Mrz/Apr	B	22.	23.	24.	25.	26.	27.	28.	29.	30.	31.	1.	2.	3.	4.	5.	6.	7.	8.	9.	10.	11.	12.	13.	14.	15.	16.	17.	18.	19.	20.

Tagestafel Floréal

Floréal		1.	2.	3.	4.	5.	6.	7.	8.	9.	10.	11.	12.	13.	14.	15.	16.	17.	18.	19.	20.	21.	22.	23.	24.	25.	26.	27.	28.	29.	30.
	A	20.	21.	22.	23.	24.	25.	26.	27.	28.	29.	30.	1.	2.	3.	4.	5.	6.	7.	8.	9.	10.	11.	12.	13.	14.	15.	16.	17.	18.	19.
Apr/Mai	B	21.	22.	23.	24.	25.	26.	27.	28.	29.	30.	1.	2.	3.	4.	5.	6.	7.	8.	9.	10.	11.	12.	13.	14.	15.	16.	17.	18.	19.	20.

Tagestafel Prairial

Prairial	1.	2.	3.	4.	5.	6.	7.	8.	9.	10.	11.	12.	13.	14.	15.	16.	17.	18.	19.	20.	21.	22.	23.	24.	25.	26.	27.	28.	29.	30.
Mai/Jun A	20.	21.	22.	23.	24.	25.	26.	27.	28.	29.	30.	31.	1.	2.	3.	4.	5.	6.	7.	8.	9.	10.	11.	12.	13.	14.	15.	16.	17.	18.
B	21.	22.	23.	24.	25.	26.	27.	28.	29.	30.	31.	1.	2.	3.	4.	5.	6.	7.	8.	9.	10.	11.	12.	13.	14.	15.	16.	17.	18.	19.

Tagestafel Messidor

Messidor	1.	2.	3.	4.	5.	6.	7.	8.	9.	10.	11.	12.	13.	14.	15.	16.	17.	18.	19.	20.	21.	22.	23.	24.	25.	26.	27.	28.	29.	30.
Jun/Jul A	19.	20.	21.	22.	23.	24.	25.	26.	27.	28.	29.	30.	1.	2.	3.	4.	5.	6.	7.	8.	9.	10.	11.	12.	13.	14.	15.	16.	17.	18.
B	20.	21.	22.	23.	24.	25.	26.	27.	28.	29.	30.	1.	2.	3.	4.	5.	6.	7.	8.	9.	10.	11.	12.	13.	14.	15.	16.	17.	18.	19.

Tagestafel Thermidor

Thermidor	1.	2.	3.	4.	5.	6.	7.	8.	9.	10.	11.	12.	13.	14.	15.	16.	17.	18.	19.	20.	21.	22.	23.	24.	25.	26.	27.	28.	29.	30.
Jul/Aug A	19.	20.	21.	22.	23.	24.	25.	26.	27.	28.	29.	30.	31.	1.	2.	3.	4.	5.	6.	7.	8.	9.	10.	11.	12.	13.	14.	15.	16.	17.
B	20.	21.	22.	23.	24.	25.	26.	27.	28.	29.	30.	31.	1.	2.	3.	4.	5.	6.	7.	8.	9.	10.	11.	12.	13.	14.	15.	16.	17.	18.

Tagestafel Fructidor

Fructidor	1.	2.	3.	4.	5.	6.	7.	8.	9.	10.	11.	12.	13.	14.	15.	16.	17.	18.	19.	20.	21.	22.	23.	24.	25.	26.	27.	28.	29.	30.
Aug/Sep A	18.	19.	20.	21.	22.	23.	24.	25.	26.	27.	28.	29.	30.	31.	1.	2.	3.	4.	5.	6.	7.	8.	9.	10.	11.	12.	13.	14.	15.	16.
B	19.	20.	21.	22.	23.	24.	25.	26.	27.	28.	29.	30.	31.	1.	2.	3.	4.	5.	6.	7.	8.	9.	10.	11.	12.	13.	14.	15.	16.	17.

Tagestafel Sansculottiden

Sansculottiden		Fête de la vertu	Fête du génie	Fête du travail	Fête de l'opinion	Fête des recompenses	Fête de la révolution
	A	17.	18.	19.	20.	21.	22.
September	B	17.	18.	19.	20.	21.	22.
	C	18.	19.	20.	21.	22.	23.
	D	18.	19.	20.	21.	22.	23.

Register

Auszug aus dem Buchprogramm

Jürg Richter, Ruedi Kunzmann:
Die Banknoten der Schweiz
(ISBN 3-924861-82-X) 98,– EUR

Ruedi Kunzmann:
Konsumgeld der Schweiz
(ISBN 3-924861-94-3) 60,– EUR

Rainer Albert:
Die Münzen der Römischen Republik
(ISBN 3-924861-76-5) 29,90 EUR

Ursula Kampmann:
Die Münzen der römischen Kaiserzeit
(ISBN 3-924861-77-3) 39,90 EUR

Claus Keilitz:
Die sächsischen Münzen 1500 – 1547
(ISBN 3-924861-67-6) 39.– EUR

Lothar Koppe:
Die sächsisch-ernestinischen Münzen
1551 bis 1573
(ISBN 3-924861-91-9) 39,– EUR

Claus Keilitz:
Die sächsisch-albertinischen Münzen
1547 bis 1611
(ISBN 3-924861-92-7) 39,– EUR

Wolfgang J. Mehlhausen:
Handbuch Münzensammeln
(ISBN 3-924861-83-8) 10,– EUR

Hans L. Grabowski /
Wolfgang J. Mehlhausen:
Handbuch Geldscheinsammeln
(ISBN 3-924861-90-0) 12,90 EUR

Wolfgang J. Mehlhausen:
Handbuch zur Münzpflege
(ISBN 3-924861-99-4) 10,– EUR

Kurt Fischer, Helmut Kahnt,
Hans L. Grabowski:
Die Euro-Münzen
(ISBN 3-924861-98-6) 14,90 EUR

Hans L. Grabowski, Manfred Mehl:
Deutsche Serienscheine 1918 – 1922,
2 Bände
(ISBN 3-924861-70-6) 39,90 EUR

Anton Geiger:
Das deutsche Großnotgeld
1918 – 1921
(ISBN 3-924861-79-X) 38,– EUR

Manfred Müller:
Die Notgeldscheine der deutschen
Inflation 1922
(ISBN 3-924861-80-3) 38,– EUR

Hans L. Grabowski:
Deutsche Kleingeldscheine 1916 –
1922, 2 Bände
(ISBN 3-924861-85-4) 59,80 EUR

Arnold Keller:
Das Notgeld der deutschen Inflation
1923, Reprint
(ISBN 3-924861-86-2) 59,80 EUR

Holger Rosenberg:
Die deutschen Banknoten ab 1871
(ISBN 3-924861-73-0) 19,90 EUR

Auszug aus dem Buchprogramm

Helmut Friedl:
Die Münzen der Landgrafen von
Leuchtenberg und Grafen von Hals
(ISBN 3-924861-74-9) 49,– EUR

Manfred Olding:
Die Medaillen auf Friedrich den
Großen von Preußen 1712 bis 1786
(ISBN 3-924861-71-4) 98,– EUR

Otto Flämig:
Monogramme auf Münzen, Medaillen,
Marken, Zeichen und Urkunden
(ISBN 3-924861-78-1) 49,– EUR

Helmut Kahnt:
Das große Münzlexikon von A bis Z
(ISBN 3-924861-84-6) 29,90 EUR

Kahnt, Pontzen, Schöne, Walz:
Die Geschichte der Deutschen Mark
(ISBN 3-924861-68-4) 19,95 EUR

Kurt Jaeger:
Die deutschen Münzen seit 1871
(ISBN 3-924861-97-8) 24,90 EUR

Günter Schön/Gerhard Schön:
Kleiner deutscher Münzkatalog
von 1871 bis heute
(ISBN 3-86646-000-7) 12,80 EUR

Nimmergut/Feder/von der Heyde
Deutsche Orden und Ehrenzeichen
(ISBN 3-86646-002-3) 19,90 EUR

Günter Schön/Gerhard Schön:
Weltmünzkatalog 20. Jahrhundert
(ISBN 3-89441-566-5) 48.– EUR

Arnold/Küthmann/Stenhilber:
Großer deutscher Münzkatalog
von 1800 bis heute
(ISBN 3-89441-563-0) 34,90 EUR

Gerhard Schön:
Deutscher Münzkatalog
18. Jahrhundert
(ISBN 3-89441-525-8) 49,90 EUR

Robert E. Röntgen:
Deutsche Porzellanmarken
(ISBN 3-89441-558-4) 29,90 EUR

Gerhard Schön:
Euro Münzkatalog
(ISBN 3-86646-001-5) 9,90 EUR

Wolfgang L. Eller:
Möbel des Klassizismus,
Louis XVI und Empire
(3-89441-516-9) 45.– EUR

Pressler/Döbner/Eller:
Biedermeier-Möbel
(ISBN 3-89441-503-7) 35.– EUR

Günter Schön/Jean François Cartier:
Weltmünzkatalog 19. Jahrhundert
(ISBN 3-89441-561-4) 39.90 EUR

Jürg Richter:
Die Schützentaler und
Schützenmedaillen der Schweiz
(ISBN 3-924861-95-1) 98.– EUR

Josef Gerber:
Die letzten deutschen Geldscheine
(ISBN 3-938614-00-5) 19,90 EUR

Telefon ++49 94 02 / 93 37-0 · Telefax ++49 94 02 / 93 37-24
www.battenberg.de / www.gietl-verlag.de